Alfried Längle, Christian Probst (Hg.) • Süchtig sein

Alfried Längle, Christian Probst (Hg.)

Süchtig sein

Entstehung, Formen und Behandlung von Abhängigkeiten

Facultas Universitätsverlag

Deutsche Bibliothek - CIP-Einheitsaufnahme

Süchtig sein : Entstehung, Formen und Behandlung von Abhängigkeiten /
Alfried Längle ; Christian Probst (Hg.). - Wien : Facultas-Verl., 1997
ISBN 3-85076-428-1
NE: Längle, Alfried [Hrsg.]

Satz und Druck: WUV-Universitätsverlag
Umschlaggestaltung: A + H HALLER
Printed in Austria
ISBN 3-85076-428-1

Gedruckt mit Unterstützung durch das Bundesministerium
für Wissenschaft, Verkehr und Kunst

Inhaltsverzeichnis

Vorwort

Der Blickwinkel, unter dem das Thema „Abhängigkeit“ in diesem Buch behandelt wird, ist das „Süchtig Sein“ als humanes Phänomen, dem jeder Mensch in kleinerem oder größerem Maße ausgesetzt ist. Abhängigkeiten haben einen gemeinsamen Kern, der mit dem Wesen der menschlichen Existenz zu tun hat (Tiere werden in der Regel nicht abhängig!). Jeder Mensch ist somit der Gefahr des Abhängig-Werdens grundsätzlich ausgesetzt. So ist der Übergang von Liebhaberei und Gewöhnung zur Abhängigkeit, worin der Verlust von Freiheit schließlich spürbar wird, nur fließend. In den leichten Formen von Abhängigkeit, die praktisch jeder Mensch dann und wann erlebt, sind bereits die Charakteristika enthalten, die sich in den schweren, krankhaften Abhängigkeitsentwicklungen wiederfinden, wie z.B. der Mangel an emotional erfüllendem Erleben, von authentischem Gespür für sich selbst, von Fähigkeiten im Umgang mit Leid und Problemen, einer regressiven Erwartungshaltung mit Wunschmotiven und einem Defizit an Sinn. In manchen Fällen von Abhängigkeit übernehmen allerdings die substanzgebundenen Eigenschaften des Stoffes bald die führende Rolle und prägen das Erscheinungsbild der Sucht durch die Dominanz der körperlichen Abhängigkeit.

Der Hintergrund, aus dem die meisten Beiträge in diesem Buch stammen, ist die Existenzanalyse und Logotherapie sowohl in ihrem ursprünglichen Ansatz, wie ihn der Wiener Psychiater und Neurologe V. E. Frankl entwickelt hat, als auch in der Weiterentwicklung und methodisch-theoretischen Ausgestaltung, wie er in den letzten zehn Jahren im Rahmen der internationalen Gesellschaft für Logotherapie und Existenzanalyse (GLE - Sitz in Wien) geschehen ist. Die Existenzanalyse kann als eine phänomenologische Psychotherapie bezeichnet werden, die in ihrer Weiterentwicklung das personale Geschehen als motivationalen und emotionalen Hintergrund stärker betont als dies Frankl tat. Die heutige Existenzanalyse beschäftigt sich daher mehr mit den Voraussetzungen sinnvoller Existenz und den Mitteln und Prozessen, sie zu erreichen, als mit der

Beschreibung des Endergebnisses („wie es sein soll"). In der Existenzanalyse hat Frankl versucht, die theoretischen Erkenntnisse der Existenzphilosophie (vor allem M. Scheler, aber auch K. Jaspers, M. Heidegger und S. Kierkegaard) für die Psychotherapie fruchtbar zu machen. Wie alle existentiellen Richtungen der Psychotherapie setzt die Existenzanalyse am Erleben an (und nicht an der Erinnerung oder am Verhalten). Ihre Vorgangsweise ist primär phänomenologisch, d.h. nicht theoriegeleitet-deutend, sondern dialogisch-verstehend. Die Existenzanalyse arbeitet somit in erster Linie mit dem, was sich im Gespräch am Patienten und im eigenen Erleben des Therapeuten zeigt und greift nur bei gezielten Indikationen Phantasien oder die Vergangenheit auf. Vielmehr spielt der Lebensentwurf als Ganzes eine Rolle, mit seiner Vergangenheit und Zukunft, für die ein Mensch aktuell (im hier und heute) leben will. Durch diese methodische Vorgangsweise ergibt sich ein prozeßorientierter Zugang zu einer sinnvollen Existenz, die den besten Schutz vor jener Leere darstellt, in der sich erst der Sog der Abhängigkeit entwickeln kann.

Daß die heutige Zeit mit ihrer starken Außenorientierung und Materialisierung ihren Teil dazu beiträgt, daß die Suchtpotenzen in der Gesellschaft verstärkt werden, wird durch die Statistiken bestätigt. Da die meisten Menschen in der westlichen Welt heute nicht mehr für ihr Leben kämpfen müssen und viele traditionelle Bindungen und Werte einer stabilen Beziehungswelt aufgebrochen sind, was weithin auch mit einem religiösen Vakuum einhergeht, fehlt den Menschen heute das ursprüngliche Empfinden für den Sinn des Lebens, nach dem sie ihr Handeln ausrichten können, und für die Sinnzusammenhänge, in denen Menschsein zu verstehen ist. Diese existentielle Leere und geistige Not, wie sie Frankl bezeichnete, machen den heimatlos Gewordenen besonders anfällig für andere „Bindungen", nämlich für Abhängigkeiten und Süchte, Sektenwesen, soziale (modische) Trends und Gruppenzugehörigkeiten sowie politische Führer.

Sowohl die individuelle Anforderung an eine eigene Lebensgestaltung und an das Sinnverständnis als auch die entfremdende, gesellschaftliche Wirklichkeit heute sind eine Herausforderung an ein existenzanalytisches Denken, einen spezifischen Beitrag zur Entstehung, Prophylaxe und Therapie der Sucht zu geben. Wir verstehen dieses Buch als Anstoß, durch den die spezifische Arbeit auf der Ebene der existentiellen Lebensführung weitergebracht werden soll, sodaß zu einem späteren Zeitpunkt noch mehr Erfahrungen und Einblicke sowohl über die Not des Süchtig-Seins wie über die Hilfen zur Erlangung einer erfüllten Existenz vorgelegt werden können. Das Buch, das hier vorliegt, ist ein Beginn.

Anlaß zu diesem Buch war eine Tagung der GLE, die 1991 in Graz stattgefunden hatte. Die dort geführten Diskussionen und die wichtigsten Vorträge bilden den Kern des Buches. Dazu kamen dann weitere Arbeiten der nachfolgenden Jahre, die das Buch abrundeten. Wir möchten im folgenden nun einen kurzen Überblick über die Beiträge geben.

Am Beginn gibt A. Längle einen knapp gefaßten Abriß über die Existenzanalyse und Logotherapie. Er umfaßt das Menschenbild und die Motivationstheorie sowie die Sinnlehre der Logotherapie. Vom theoretischen Hintergrund werden die anthropologischen Implikate der Suchtentstehung abgeleitet. Einige Anleitungen zur Vermittlung logotherapeutischer und existenzanalytischer Inhalte für Lehrgänge der Suchtkrankenhilfe und ein ausführliches Literaturverzeichnis runden den Eröffnungsbeitrag ab.

J. Rauch und A. Görtz gehen in der folgenden Arbeit von einem anderen Standort aus, nämlich von der reinen Praxiserfahrung. Sie zeigen Entwicklungen und Wege, die in die Abhängigkeit führen und geben therapeutische Hinweise. Die zentrale Erfahrung, die sie in ihrer existenzanalytischen Arbeit in einer stationären Einrichtung gemacht haben, ist der Selbstverlust der Suchtkranken. Ihre psychotherapeutische Arbeit liegt daher im besonderen in der Arbeit am Selbstbild und an der Selbstfindung.

M. Rainer stellt eine eigene Untersuchung an 50 Alkoholkranken vor. Sie zeigt, daß innere Leere und Sinnlosigkeitsgefühl („existentielles Vakuum" nach Frankl) das häufigste Trinkmotiv ist, erst dann folgen Beziehungsprobleme in Partnerschaft und Familie. In einem spezifischen Testverfahren der Existenzanalyse, der Existenz-Skala, sind alle Werte bezüglich personaler und existentieller Ressourcen deutlich reduziert.

Ch. Wurm bringt einige klinische Überlegungen zu alkoholinduzierten Problemen und Komplikationen und die Stellung des Alkoholkranken im sozialen Feld. Dann beschreibt er das „Motivational Interviewing" aus der kognitiven Psychotherapie, das große Ähnlichkeiten zur logotherapeutischen Denkweise hat. Er hält es für ein geeignetes Mittel, um die Motivation des Patienten für die Psychotherapie zu erhöhen. Dem Modell stellt er beispielhaft ein logotherapeutisches Fragensortiment gegenüber, mit dem der Sinn- und Wertehorizont der Patienten aufgeblendet werden soll.

Einige kurze Suchtbeschreibungen verschiedener Autoren hat E. Guth zusammengestellt. Sie stellt dann das psychoanalytische Suchtverständnis neben das der Existenzanalyse und Logotherapie und schafft so einen knapp gehaltenen Überblick über die beiden Konzeptionen.

Danach gehen A. Längle und Ch. Probst ausführlich auf die existenzanalytische Sicht der Suchtkrankheit ein. Einleitend wird das Wesen der Sucht auf psychologischer Ebene beschrieben. Sucht wird in der Folge als Interaktion von Gesellschaft, Individuum und Stoffwirkung formalgenetisch umrissen und im weiteren ihre Dynamik aufgerollt, die insbesondere in der Interaktion mit der Psychopathologie verstanden wird. Das Verhältnis von Sucht und Personsein wirft deutlich die Unklarheit des Wollens und die Apersonalität des Verhaltens auf. Dadurch kommt die Bedürftigkeit des Menschen in den Vordergrund, die zu einem Hunger nach Erleben eigener Vitalität führt. Die mit der Sucht einhergehende Abkehr vom Objekt (und Hinwendung zum subjektiven Erleben) sehen die Autoren als Grund für den anhaltenden Mangelzustand, in dem sich das „Drama des Lebenshungers" abspielt.

Der Philosoph N. Espinosa bezieht das Süchtig-Sein auf eine Theorie der Erfahrung, in der das Scheitern-Können ein ganz wesentlicher Aspekt des Lebens ist. Wenn die Jugend auf etwas verzichtet, was sie schon zu haben glaubt, nämlich Erfahrung, dann verzichtet sie auf das „experimentierende Leben", das das Scheitern als Möglichkeit an sich hat. Aber ohne die Möglichkeit des Scheiters gibt es keine Erfahrung und dadurch kein Existieren. Das bereitet den Weg zur süchtigen Lebenshaltung.

Der inzwischen verstorbene Phänomenologe und Psychiater Hubertus Tellenbach geht in seinem Beitrag auf die Phänomenologie der Eifersucht ein, bei deren Erhellung er von den Kämpfen am griechischen Götterhimmel den Bogen über P. Merimées Carmen und die Kreuzersonate von Tolstoj bis zu M. Prousts „Auf der Suche nach der verlorenen Zeit“ spannt.

Es folgen zwei Zusammenfassungen von Diskussionen, die bei der Tagung der Gesellschaft für Logotherapie und Existenzanalyse in Graz 1991 stattgefunden haben. Sie beleuchten das Thema aus der Sicht erfahrener Therapeuten und zeigen, daß das Phänomen des Süchtig-Seins keiner einheitlichen Auffassung zuzuführen ist.

Ein praktisches Modell der Behandlung der Sucht in der Gruppentherapie beschreibt A. Längle, indem er auf die existenzanalytische Motivationstheorie der „Personalen Grundmotivationen“ zurückgreift. Aus ihnen hat er einen Katalog spezifischer Fragen entwickelt, mit denen existenzanalytische Gruppentherapie durchgeführt werden kann, und stellt sie hier erstmals in bezug auf die Behandlung von Abhängigkeiten vor.

Wien/Graz, im Feber 1997 — A. Längle, Ch. Probst

Das Ja zum Leben finden
Existenzanalyse und Logotherapie in der Suchtkrankenhilfe*)

Alfried Längle

Die Existenzanalyse und die Logotherapie gehen auf den Wiener Neurologen und Psychiater Viktor Frankl zurück, der diese Methode in den 20er und 30er Jahren begründete. Dabei verstand Frankl Existenzanalyse als Anthropologie und Theorie über die Möglichkeiten und Bedingungen erfüllter Existenz, während Logotherapie ihre praktische Anwendung im Rahmen der Sinnthematik darstellt (Logos = Sinn). Logotherapie kann somit als sinnthematisierende Behandlungsmethode bezeichnet werden. Existenzanalyse als bloße Theorie wurde ihrerseits weiterentwickelt zu einer Praxis, die im Vorfeld des Sinnthemas und in einer noch nicht auf die Sinnthematik zugespitzten Breite motivationale, emotionale, biographische, selbst- und fremdwahrnehmungsspezifische Bereiche bearbeitet. Die Existenzanalyse stellt somit heute eine eigenständige psychotherapeutische Richtung dar, die bei den meisten klinischen Störungen mit einer eigenständigen Methodik zur Anwendung kommen kann (Bescheid des österreichischen Bundesministeriums für Gesundheit vom 8. März 1994).

Frankl bezeichnete die Logotherapie als „Sinnlehre gegen die Sinnleere". Er wollte damit eine Grundfrage des Menschen in der Psychotherapie, Beratung, Medizin und Pädagogik thematisieren, die bis dahin außerhalb der Philosophie und Theologie nicht behandelt wurde: Das Leiden an der Sinnlosigkeit der Existenz. Die Logotherapie wurde in der Folge als „Dritte Wiener Richtung der Psychotherapie" (Hofstätter 1957, 297) zu einer Ergänzung der traditionellen Psychotherapie (Frankl 1982, 242;

---

*) Dieses Kapitel wurde 1995 für ein Lehrbuch verfaßt, das voraussichtlich 1997 erscheinen wird: Fleisch E., Haller R., Heckmann W. (Hrsg.) Suchtkrankenhilfe lehren. Ein Lehrgang zur Weiterbildung für Suchtprävention und Drogenberatung (Arbeitstitel). Weinheim: Beltz/PVU.

weiterführend: Lukas 1994, 41 ff., Böschemeyer 1977, 28 f.). Sie brachte die Dimension der existentiellen Erfüllung und Auseinandersetzung mit dem Daseinssinn in die Psychotherapie ein (Yalom 1980, 441 ff.).
Frankls theoretische Ausführungen wurden durch seine eigene Biographie in tragischer Weise auf die Probe gestellt. Er wurde als Jude von den Nazis in vier KZ verschleppt. Nur knapp entkam er mehrmals dem Tod, verlor aber seine ganze Familie bis auf eine Schwester. Daß Frankl überlebt hatte, war auf seinen unbedingten Lebenswillen und seinen unerschütterlichen Sinnglauben zurückzuführen. Er mußte am eigenen Leib erleben, wie sehr der Lebenswille von der inneren Verbundenheit mit sinnstiftenden Lebensinhalten abhängt (Frankl 1991b). Er konnte sehen, wie ein Leben trotz der Torturen, Entbehrungen und Frustrationen basalster Bedürfnisse möglich war, weil er ein „Wofür" zum Leben hatte. So fand der Satz von Nietzsche seine Bestätigung: „Wer ein Warum zum Leben hat, erträgt fast jedes Wie" – ein Leitmotiv der Logotherapie.
Was war Frankls „Warum"? – Wofür hat er überleben wollen trotz unbeschreiblichen Hungers, trotz Kälte, Bedrohung, Entwürdigung, Ungerechtigkeit, Ungewißheit, Krankheit und Aussichtslosigkeit? – Frankl hatte eigentlich drei Gründe: er wollte seine Frau und seine Eltern wiedersehen, er wollte das verloren gegangene Hauptwerk der Logotherapie noch einmal schreiben, und als gläubiger Mensch fühlte er sich in einer Beziehung zu Gott, wodurch ihm das Leben heilig war. Frankl bezog somit die Kraft zum Überleben aus den Beziehungen, aus der Arbeit und aus dem Glauben. Frankls eigene Biographie entspricht der Grundkonzeption der Logotherapie, wonach es „drei Hauptstraßen zum Sinn" (Frankl 1982, 59) gibt, nämlich durch das Erleben von etwas Wertvollem (insbesondere Beziehungen), durch das Schaffen von Werten und durch das Einstehen für seine innersten Überzeugungen, insbesondere vom Wert des Lebens, was in belastenden, schwierigen und schicksalhaften Situationen besonders zum Ausdruck kommt.

Das Menschenbild

Die Ganzheit des Menschen ist gekennzeichnet durch das Zusammentreffen von drei voneinander verschiedenen Seinsarten. Der Mensch ist leiblich, seelisch und geistig zugleich.

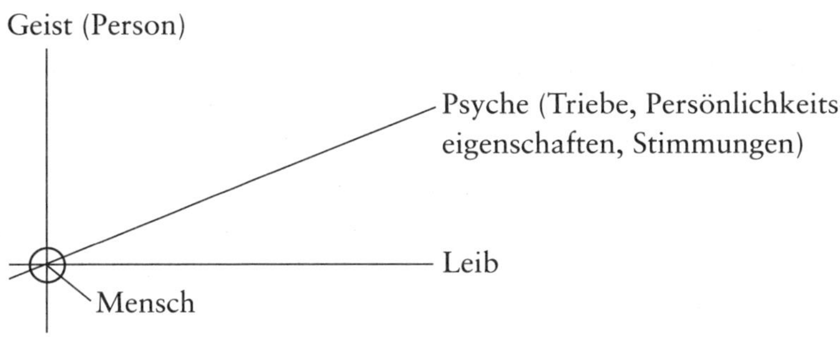

Abb. 1: *Der Mensch lebt auf drei Weisen, die eine untrennbare Einheit in ihm bilden, aber dennoch unterschiedliche Seinsformen darstellen.*

Die drei Dimensionen am Menschen stehen in einem besonderen Verhältnis. Zum einen setzt sich der Mensch nicht aus den drei Dimensionen „zusammen". Die Einheit Mensch entsteht vielmehr dadurch, daß sich das Geistige in ihm mit dem Psycho-Physischen „aus-ein-ander-setzt" (Frankl 1990, 176). Zum anderen entwickeln die drei Dimensionen des Menschseins ihre eigenen Dynamiken, die als Motivationskräfte zum Vorschein kommen:

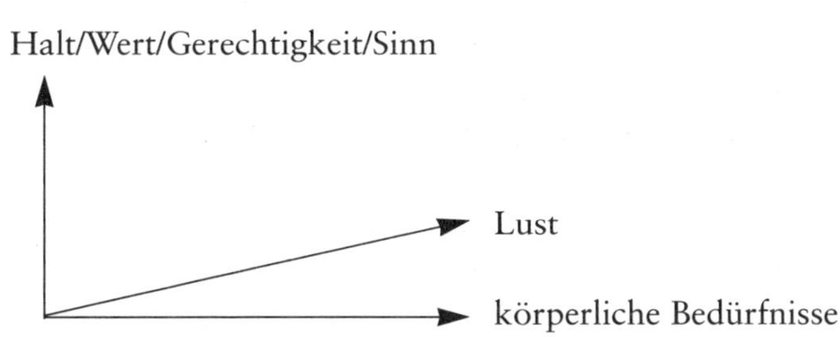

Abb. 2: *Die Dynamiken des Menschen auf den unterschiedlichen anthropologischen Ebenen – ein Modell, das das mögliche Auseinanderstreben der Motivationen veranschaulicht, was zu Spannungen und motivationalen Konflikten führen kann.*

Als *körperliches* Wesen geht es dem Menschen um die Erhaltung und Gesundheit des Körpers, was durch die Bedürfnisse geregelt wird (z. B. schlafen, essen, trinken, Sexualität, Bewegung).

Als *psychisches* Wesen geht es dem Menschen um das Leben seiner vitalen Kräfte und um das Wohlbefinden in seinem eigenen Körper. Er strebt nach angenehmen Gefühlen und Spannungsfreiheit gemäß seinen Persönlichkeitsanlagen. Das Gelingen solchen Strebens wird als Lust erlebt, das Scheitern als Unlust, Spannung, Frustration.

Als *geistiges* Wesen (Person) geht es dem Menschen um Sinn und Wert im Leben, um Themen wie Halt, Glaube, personale Liebe, Werte, Gerechtigkeit, Freiheit, Verantwortung usw.

Wesentlich an dieser Anthropologie ist, daß sich der Mensch als „Steuermann auf dem Boot des Psychophysikums" versteht, in welchem er für die Zeit seines Lebens untrennbar steht. Anders gesagt: die „personal-existentielle Dimension" des Menschen hat die Fähigkeit, sich mit dem Leib-lich-Seelischen auseinanderzusetzen. Dies bedeutet, daß der Mensch zu einer Distanz zu sich selbst kommen kann („Selbst-Distanzierung" – Frankl 1990, 234ff.). Das ermöglicht ihm einen Umgang mit sich und ein Verhalten zu sich selber.

Diese „innere Offenheit" des Menschen zu sich selbst ist die eine Seite dieser dritten, spezifisch menschlichen Dimension. Die andere Seite ist ihre „Weltoffenheit" (Scheler). Der Mensch erkennt und erspürt die Werte in der Welt, den Sinn der Situation, dem er sich schließlich auch hingeben kann. Damit überschreitet der Mensch sich selbst, d. h. das Eingeschlossensein in der Innen-Welt seiner Bedürfnisse, Triebe und Spannungen (Frankl [1982, 160f.] spricht daher von „Selbsttranszendenz"). Er wird offen für den dialogischen Austausch mit der Welt (Längle 1988, 10ff.).

Aus dem Verhältnis der anthropologischen Dimensionen zueinander ergibt sich eine praktische Ableitung. Da die drei Dimensionen voneinander verschieden sind, kann nicht von der einen auf die andere geschlossen werden. Sie entfalten ihre Dynamiken unabhängig voneinander. Etwas, was auf der psychischen Ebene angenehm und lustvoll ist, ist nicht automatisch auf der geistigen Ebene „sinnvoll, richtig, gut":

Der psychisch Kranke orientiert sich mehr am Angenehmen, ob es nun sinnvoll ist oder nicht. Der psychisch Gesunde hat den Schwerpunkt auf der Seite der Sinnhaftigkeit. Es kann etwas richtig und sinnvoll sein, obwohl es unangenehm ist (z.B. ein unangenehmes Gespräch aufzunehmen). Man könnte dieses Schema als das „existenzanalytische Lust- und Realitätsprinzip" bezeichnen.

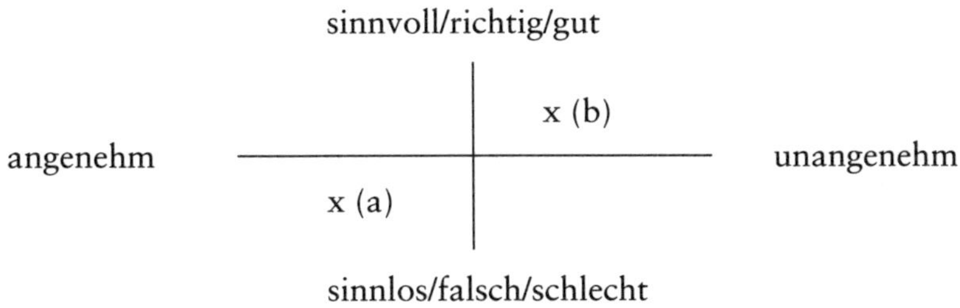

Abb. 3: *Das psychische und personale (geistige) Erleben liegt auf den unterschiedlichen Dimensionen und besteht unabhängig voneinander – was angenehm ist, muß nicht richtig sein (a), was wertvoll ist, muß nicht immer angenehm sein (b).*

Die Motivationslehre

Abgesehen von den körperlichen und psychischen Motivationskräften ist der Mensch als Person von vier personal-existentiellen Grundmotivationen bewegt. Während Frankl die Sinnstrebigkeit als tiefste Motivation des Menschen angibt (Frankl 1988a, 1991a), beobachtet die neuere Existenzanalyse noch drei personale Grundmotivationen, die der Sinnmotivation vorangehen (Längle 1994b):

1. Es bewegt ihn die **Grundfrage der Existenz:** Ich bin da – aber *kann* ich (als ganzer Mensch) da sein? Habe ich den Raum, den Schutz, den Halt dafür? Diesen erfährt der Mensch vor allem im Angenommensein, was ihm selbst wieder erlaubt, annehmen zu können. Annehmen können hat somit die Sicherheit der eigenen Existenz zur Voraussetzung, andernfalls muß um diese erst gekämpft werden.
2. Es bewegt ihn die **Grundfrage des Lebens:** Ich lebe – aber *mag* ich eigentlich leben? Erlebe ich die Fülle, die Verbundenheit, das Zeit-Haben für Werte? Das Leben als Wert erfährt der Mensch vor allem durch Zuwendung, Nähe, Liebe. Das öffnet ihn selbst wieder, um sich anderem (Menschen, Dingen) zuwenden zu können. Sich etwas oder jemandem zuwenden zu können hat zur Voraussetzung, daß das eigene Leben als Wert empfunden wird. Dieser Grundwert besteht in dem tiefen Gefühl,

daß es gut ist, daß es mich gibt. Das Grundwertgefühl ist die Bedingung für die Wertfühligkeit.

3. Es bewegt ihn die **Grundfrage der Person:** Ich bin ich – aber *darf* ich so sein, wie ich bin? Erfahre ich die Wertschätzung, die Achtung, den Respekt, den Selbstwert? Diesen erfährt der Mensch vor allem durch Anerkennung, durch Ernst-genommen-Werden und aktiv durch das Einstehen für sich. Das erleichtert ihm umgekehrt, andere Menschen anerkennen zu können. Anerkennen können hat zur Voraussetzung die sichere Abgrenzung des Eigenen von dem anderen.
4. Es bewegt ihn die **Sinnfrage der Existenz:** Ich bin hier – aber was *soll* damit werden? Was soll ich heute tun, damit mein Leben zu einem sinnvollen Ganzen wird? In welchen großen Zusammenhängen sehe und verstehe ich mich (bis ins Religiöse)? – Wofür lebe ich? – Der Mensch erfährt Sinn durch Vorbilder, gedankliche und praktische Anleitungen (Erziehung!) und durch die Religion. Das erleichtert ihm, sich mit seiner Welt in Übereinstimmung zu bringen und seinen persönlichen Sinn in jeder Situation zu finden und zu leben. Für diesen existentiellen Sinnfindungsprozeß sind die drei vorangegangenen Grundmotivationen Voraussetzung für die existentielle Antwort auf den Ruf der Stunde.

Sinn und Werte

Wie kann Sinn gefunden werden? – Zum Auffinden des Sinns der Situation ist der Mensch nach heutiger Auffassung der Existenzanalyse erst dann wirklich frei, wenn die vier Grundmotivationen erfüllt sind:

- Wenn er die Situation annehmen kann
- Wenn er von einem Wert berührt ist: wenn er etwas „mag"
- Wenn er sein Verhalten ethisch verantworten kann (Gewissen)
- Wenn er den Aufforderungscharakter der Situation erkennt („diese Stunde ist dafür da")

Sind diese existentiellen Grundmotivationen nicht erfüllt, liegt der Sinn der Situation darin, sich zuerst mit den Bedingungen erfüllter Existenz (Annahme, Wertberührung, Selbstsein) zu beschäftigen. Der Sinn ist es dann, z.B. sich mit dem Bedrohtsein und dem nicht Annehmenkönnen abzugeben. Oder mit der scheinbaren Wertlosigkeit, die sich ständig in den Vordergrund des Lebens schiebt. Oder das Gefühl ist zu klären, warum etwas nicht getan werden dürfe. Wann immer eine der Grundmotivationen nicht erfüllt ist, kann der Mensch sein Handeln oder Erleben nicht als wirklich sinnvoll erleben (was nicht ausschließt, das es für andere oder später einmal sinnvoll sein kann). Wir können daher den Schluß ziehen: der Mensch empfindet es subjektiv als sinnlos, wenn er etwas erlebt oder tut, das er (1.) nicht annehmen kann (z.B. Erziehungsmaßnahme), oder zu dem er (2.) keine Beziehung hat (z.B. eine Aufgabe), oder (3.) wenn er etwas tut, von dem er spürt, daß er es eigentlich nicht tun dürfte, weil er es nicht verantworten kann. Es mag zwar durchaus lustvoll sein, hat aber für diese Person keinen Sinn.

Frankl (1984, 202) strich besonders die Bedeutung der Werte – entsprechend der 2. Grundmotivation – für die Sinnfindung heraus: „Den Sinn des Daseins erfüllen wir – unser Dasein erfüllen wir mit Sinn – allemal dadurch, daß wir Werte verwirklichen". Was wertlos ist, das erlebt der Mensch als sinnlos. Wir können für die Beratungspraxis sagen, daß das Schwergewicht der Sinnfindung in der Wertfindung liegt. Frankls Konzept steht in einer Linie mit der neueren Motivationslehre. Denn was einem Menschen ein Wert ist, das kann er auch annehmen – entsprechend der ersten Grundmotivation (die erste Grundmotivation bekommt ihre praktische Bedeutung erst im Falle von Wertblockaden). Wir können daher die Sinnfindung pragmatisch beschreiben:

> **Sinnvoll leben heißt das tun, was als wertvoll empfunden und erkannt wird** (Frankl 1982, 58ff., Längle 1993a).

Was ist ein Wert? – Die existenzanalytische Wertelehre (Längle 1993, 22ff.) definiert Wert in der philosophischen Tradition als Grund einer Bevorzugung einer Handlung (Sache, Verhalten) vor einer anderen. Erlebnismäßig besteht zu einem Wert eine Beziehung von der Art, daß man sagen kann, daß „das Herz daran hänge" (Buber). Werte haben den appellativen Charakter, sich mit ihnen in Verbindung zu setzen, die Beziehung zu halten und zu schützen.

Der Sinn einer Situation besteht nun im besonderen Umgang mit dem Wert. Es soll mit ihm etwas Neues, Wertvolles entstehen, oder zumindest soll der Wert erhalten bleiben. Frankl brachte es oft auf diese Kurzformel: „Sinn ist – to make the best of it". Der existentielle Sinn läßt sich definieren als „die wertvollste Möglichkeit in der jeweiligen Situation". Ob das

Leben eines Menschen existentiell Sinn hat, hängt also vom Menschen selbst ab. Neben diesem existentiellen Sinn kann man auch einen „ontologischen Sinn“ beschreiben als jenen Sinn, den etwas an sich hat (philosophisch-ontologisch) oder durch seinen Schöpfer erhalten hat (religiös). Der ontologische Sinn entsteht nicht durch den Menschen (durch sein sinnstiftendes Verhalten, wie es beim existentiellen Sinn der Fall ist), sondern liegt in den Dingen/Situationen vor.

Die Logotherapie unterscheidet *verschiedene Werte* (z.B. allgemeine Werte, individuelle Werte, persönliche Werte) und teilt alle Werte in drei Wertekategorien (Frankl 1982, 39ff.) ein. Jede Situation bietet die Möglichkeit, zumindest eine der drei Wertekategorien zu realisieren und dadurch Sinn zu finden:

1. Erlebniswerte: Durch Erleben von etwas Schönem, Gutem, Gefälligen, Wahrem nimmt der Mensch Wertvolles in sich auf und realisiert dadurch Sinn (z.B. Genießen einer Musik, einer Landschaft, Erleben eines anderen Menschen, am stärksten in der Liebe).
2. Schöpferische Werte: Durch das Schaffen von etwas Wertvollem setzt der Mensch Werte in die Welt und erlebt sich selbst dadurch als sinnvoll (z.B. Arbeit, Haushalt, Einstehen für eine Überzeugung).
3. Einstellungswerte: Wenn es z.B. durch Krankheit oder ein anderes Leid unmöglich geworden ist, etwas Sinnvolles zu tun oder zu erleben, bleibt dem Menschen noch ein letzter Wert, nämlich das Aufrechterhalten seiner Grundeinstellung zum Leben. Diese zeigt sich dann im Wie des Tragens und Umgehens mit dem Leid bzw. Schicksal (z.B. inoperables Karzinom, Verlust des Lebenspartners). In der Einstellung zu solchem Schicksal kommt am tiefsten zum Ausdruck, wie der Mensch zu seinem Leben und zu seiner Welt steht. In dieser Beziehung manifestiert sich der (unbewußte) Glaube eines Menschen, ob und welchen Sinn „das Ganze“ hat. Hier sind wir an der Schnittstelle zur religiösen Sinnfindung angelangt.

Psychologisch gesprochen nimmt jeder Wert Bezug auf den Grundwert des Menschen (Längle 1993, 33ff.). Dieser besteht in dem oft unbewußten, tiefen Gefühl, das der Mensch bezüglich seiner Existenz hat: Ist es im Grunde gut, daß es mich gibt? Mag ich leben? Wer darin keine positive

Antwort in sich trägt, ist in der Wertfindung und daher in der Sinnfindung eingeschränkt und lebt provisorisch.

Die existentielle Wende

Um den existentiellen Sinn zu finden, bedarf es einer speziellen Haltung sich selbst und der Welt gegenüber. Diese verlangt eine gewisse Distanz zu sich (Selbst-Distanzierung), damit die Welt in ihrer Eigenwertigkeit in das Blickfeld geraten kann (Weltoffenheit). Sinn liegt nach Frankl draußen in der Welt und kann nicht ohne Bezugnahme zu ihr rein nach Phantasie und Lust erfunden werden (Frankl 1982, 57). Sinnfindung verlangt im Gegenteil aufs erste eine Zurückstellung seiner eigenen Wünsche und Ideen, um sich statt dessen in Abstimmung mit der Situation zu bringen. Existentieller Sinn ist daher ein Leben in Weltoffenheit statt in (rücksichtsloser) Selbstverwirklichung. Frankl (1982, 72) formuliert dies so:

> ... der Frage nach dem Sinn des Lebens eine kopernikanische Wendung geben: Das Leben selbst ist es, das dem Menschen Fragen stellt. Er hat nicht zu fragen, er ist vielmehr der vom Leben her Befragte, der dem Leben zu antworten – das Leben zu verantworten hat. Die Antworten aber, die der Mensch gibt, können nur konkrete Antworten auf konkrete „Lebensfragen" sein. In der Verantwortung des Daseins erfolgt ihre Beantwortung, in der Existenz selbst „vollzieht" der Mensch das Beantworten ihrer eigenen Fragen.

Durch diese Zuwendung zur Welt, der mit Offenheit für ihre Möglichkeiten begegnet wird, entsteht der grunddialogische Charakter der menschlichen Existenz.
Diese existentielle Grundposition führt auch zu einer Unterscheidung zwischen *Wollen und Wünschen* bzw. Handeln und Reagieren.
Das **Wollen** wird in der Existenzanalyse verstanden als ein „Ja-Sagen" zu einem Wert. Es setzt somit Werterkenntnis voraus. Der Wille ist Ausdruck der Freiheit und Entschlossenheit des Menschen, und somit der personale Beitrag zum Wert. Der Wille macht den Menschen bereit zur Handlung (personaler Akt). Der Wille ist aktivisch im Gegensatz zum **Wunsch**, in welchem sich eine Erwartungshaltung manifestiert. Das Verharren in

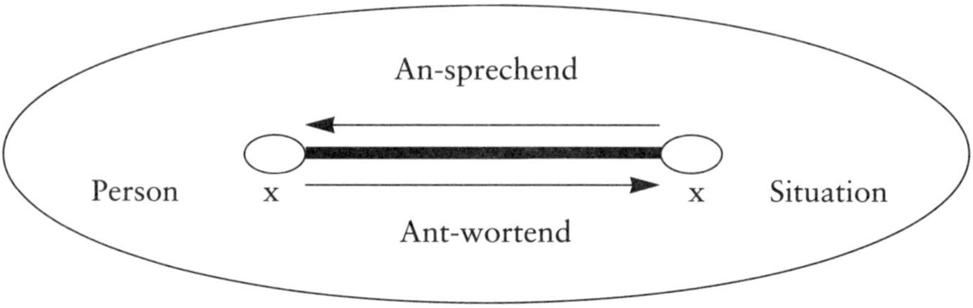

Abb. 4: *Der Mensch begibt sich in existentiell-sinnvollen Austausch mit der Welt, wenn er mit ihr dialogisch kommuniziert.*

Wunschhaltungen führt zur Passivierung und stellt einen wichtigen Grund für die Entwicklung von Abhängigkeiten dar. Wenngleich die Wunschhaltung passiv ist, so heißt das nicht, daß man sich nicht Wünsche selbst (aktiv) erfüllen kann – indem man sie in einen Willensakt überführt.

Ähnlich verhält es sich zwischen *Handeln und Reagieren.* **Handeln** setzt die freie Entscheidung (den Willen) voraus und bedeutet somit ein ganzheitliches Sich-Einlassen in die Verwirklichung der Aufgabe. Dagegen ist das **Reagieren** abhängig vom äußeren Stimulus bzw. es ist Spiegelbild der inneren Verfassung (z.B. wenn jemand auf Reizworte heftig reagiert oder wenn eine depressive Stimmung dazu führt, auf jede Aufgabe ablehnend zu reagieren, weil man sich von vornherein nichts zutraut). Das Ausleben dieser Impulse liegt auf der psychischen Ebene und führt nicht zur echten Sinnerfüllung. Diese verlangt einen entschiedenen und verantworteten Umgang mit den Impulsen.

Logotherapie und Abhängigkeit (Sucht)

Aus existenzanalytischer Sicht besteht das Leiden in der Sucht im Freiheitsverlust und seinen Folgen. Das Getriebensein führt zu einem apersonalen Verhalten, in dem sich die Person selbst nicht mehr gerecht wird (Beziehungsverlust, Freiheitsverlust, Verantwortungslosigkeit). Wenn der

Mensch die personal-existentielle (geistige) Dimension nicht lebt, kann er sein Leben nicht zu einer Sinnhaftigkeit führen.
Wesentlich für die Suchtentstehung sind aus existentieller Sicht vier Elemente. Sie sind neben den formalen Bedingungen wie Persönlichkeitseigenschaften und Pathologien, Interaktion des Individuums mit der Gesellschaft und mit der suchtmachenden Substanz zu berücksichtigen. Es handelt sich um zwei existentielle Haltungen und zwei existentielle Mangelsyndrome:

Die suchtmachenden Haltungen:

a) Passivierung durch die **Wunschhaltung.** Der Abhängige lebt in einer unreifen und unrealistischen Wunschhaltung nach Glück, das zu bekommen er sich wünscht, ohne dazu einen aktiven (und gelegentlich mühsamen) Beitrag zu leisten.
Ziel der Beratung, Begleitung und Therapie ist (mit jeweils unterschiedlicher Methodik) das Bewußtmachen der Wunschhaltung, die Realitätsklärung (was ist realistisch, was nicht?) und das Erarbeiten einer Strategie, wie das Realistische durch persönlichen Einsatz erreicht werden kann.
b) Hinter jeder Sucht steht **Leidvermeidung.** Im Bemühen, sich ein Leid zu ersparen, sind die Süchtigen in gewissem Sinn Symptomträger unserer Gesellschaft. Sie haben eine Einstellung zum Leid, die dieses als nur wertlos ansieht, und nicht als Durchgangspassage zu neuem Leben kennt.
Die Suchtberatung wird an dieser Einstellung ansetzen und versuchen, in lebbaren Situationen deutlich zu machen, daß Leid und Scheitern zum Leben gehören. Der Umgang mit Leid soll erfahrbar machen, daß Leid aushaltbar und seine Überwindung hilfreich ist. Die Unterscheidung zwischen der psychischen und geistigen Dimension, also von „angenehm" und „richtig/gut/sinnvoll", wie weiter oben ausgeführt, ist hier wichtig. Die Suchttherapie wird tiefer gehen und nachforschen, woher diese Einstellung kommt.

Die existentiellen Mangelsyndrome:

c) Sucht entsteht durch **Sinnmangel** und Sinnverlust. Der Süchtige leidet unter einem Wertemangel. Er spürt sie nicht oder zu flach. Er entwickelt eine Erlebnissucht, einen „Hunger nach Leben", hinter dem ursprünglich ein Hunger nach existentiellen Werten steht. Es können am Beginn übergroße psychodynamische Spannungen bestehen (z. B. Borderline-Persönlichkeitsstörung; starke Ängste), die das natürliche Werterleben blockieren. Oder es sind Biographien, die durch eine Wertarmut geprägt sind und fast unmerklich oder durch Minimalbelastungen in die Suchtentwicklung führen.

Die Suchtberatung wird an neuen Erlebnisinhalten mit einem konsequenten Training arbeiten. Die Psychotherapie wird an dieser Stelle unter Umständen lange und tiefgreifend an der Persönlichkeit arbeiten, wenn sie der Frage nachgeht, woher der Wertverlust bzw. die übergroße Spannung kommen.

d) Sucht ist immer auch **Inauthentizität** und **unsicherer Grundwert**. Der Süchtige lebt in einer Haltung des Nicht-Wahrhaben-Wollens und der Leugnung. Er hält die Ehrlichkeit vor sich selbst nicht durch. Er lebt in zusätzlicher innerer Spannung (Dissonanz), weil er nicht existentiell zu seinem Suchtverhalten steht. Dahinter findet sich in der Regel ein unsicherer oder gestörter Grundwert (der Süchtige ist sich nicht sicher, ob er leben mag oder verneint sogar diese Frage) und ein negativer Selbstwert.

In der Behandlung der Abhängigen geht es dabei um Fragen wie: Glaubst du, ist das gut, was du tust? Wird durch die Droge dein Leben besser? Bringt es dich weiter? Magst du eigentlich mit Drogen leben? Versuchst du, mit ihr etwas zu vermeiden? Seit wann ist es dir egal? Könntest du ohne Stoff leben? Kannst du es einmal tun? Das Erzählen von „Vorbildern", die zeigen, wie sie sich aus einer Abhängigkeit befreien konnten oder mit schwierigen Lebenssituationen umgegangen sind, gibt den Klienten und Patienten eine Perspektive und Leitlinie. So kann z. B. auch die Lektüre von Frankls (1991b) KZ-Buch empfohlen werden. Die Therapie wird an der Grundwertstörung arbeiten: Wie kam es, daß du eigentlich nicht mehr leben magst? Sie wird durch die Selbstwertarbeit abgerundet.

Beide Mangelsyndrome können psychotherapeutisch noch mehr ausgeleuchtet werden. Ihre phänomenologische Analyse und psychotherapeutische Behandlung wird in einem eigenen Abschnitt in diesem Buch dargestellt (vgl. Espinosa, Längle und Probst).

Anleitung zum Sinnfinden

Im folgenden sollen noch einige konkrete Fragen gegeben werden, die es erleichtern können, den Sinnfindungsprozeß in Gang zu bringen. Die Fragen zerlegen diesen Prozeß in mehrere Stufen, sodaß unter Umständen auch deutlich wird, wo die Sinnstörung liegt. (Längle 1993a, 119)

Ausgangsfrage:
Worum geht es hier? – Wofür ist diese Stunde da? – Was ist jetzt notwendig? – Was wird von mir gebraucht? – Was kann *ich* konkret tun?

- Erlebniswerte? (Gibt es Schönes, das in dieser Stunde „einmalig" ist?)
- Schöpferische Werte? (Kann ich etwas Wertvolles tun oder bewirken? Taten, Werke, Arbeit)
- Bei unabänderlichen Situationen: Einstellungswerte?

Wertfrage:
Ist das Erkannte und Gefühlte wichtig?
Was wäre, wenn ich es nicht täte? (Würde etwas geschehen, das nicht gut wäre?)

Freiheitsfrage:
Muß ich es tun? – Könnte ich mir vorstellen, es nicht zu tun? (Wenn nicht: Wer/was zwingt mich?)
Kann ich sagen: Ich *will* es? Freiwillig?

Verantwortungsfrage:
Wofür/Für wen mache ich das eigentlich? (Will ich es dafür tun?)
Soll ich diese Sache unter den Umständen machen? (Wer sagt, daß ich es machen soll?)
Ist es mit mir *stimmig*, wenn ich es tue? (Oder ist es stimmiger, wenn ich es lasse?)

Didaktische Hinweise

Wenn keine Kenntnisse von Logotherapie und Existenzanalyse vorausgesetzt werden können, dann ist der **Einstieg** über die Biographie Frankls

ein lebendiger Weg. Es wird damit zugleich ein Einblick in die Entstehungsgeschichte dieser Richtung der Psychotherapie und Beratung gezeigt, sowie das Anliegen, um das es in der Logotherapie geht. Gleichzeitig wird ein grober Koordinatenpunkt angegeben, wo sich die Logotherapie/Existenzanalyse im Gefüge der anderen Psychotherapierichtungen ansiedelt.
In dieser Einführung soll ein erster Aufweis gegeben werden, daß es dem Menschen möglich ist, extreme Lebenssituationen zu überstehen und trotz Verzweiflung, Aussichtslosigkeit und körperlicher Beeinträchtigung sich nicht selbst aufzugeben. Die Biographie Frankls eignet sich gut, die wichtigsten Inhalte der Logotherapie nachvollziehbar zu machen, noch bevor sie theoretisch reflektiert wurden. Insbesondere wird die Rolle des Sinns deutlich, den dieser in besonders schwierigen Lebenssituationen für das Überleben hat. Menschen in schweren Abhängigkeiten haben eine Lebenssituation, die jener im KZ in vielerlei Punkten ähnelt (Gasquères 1985).

Gruppenarbeit: Glaubst du, gibt es Ähnlichkeiten zwischen der Situation eines Suchtkranken und eines KZ-Häftlings? Welche? – Worunter leidet jemand, der süchtig ist?
Selbsterfahrung in der Kleingruppe: Wo kenne ich selbst die Erfahrung der Verzweiflung und was hat mir dabei geholfen, aus ihr herauszufinden? Welche Rolle spielten Sinnerfahrungen dabei?

Das Kapitel **Menschenbild** wird hauptsächlich durch Vortrag und Beispiele illustriert. Dabei soll die Fähigkeit des Menschen deutlich werden, daß er sich zu sich selbst verhalten kann. Sie stellt eine Basis für die Suchtarbeit dar (die andere Basis bildet der Bezug zu Sinn und Werten in der Welt). Diese Fähigkeit ist die anthropologische Basis der menschlichen Freiheit, die auch am Beginn jeder Sucht steht („kein Schluck Bier kommt gegen meinen Willen in meinen Mund“). Da der progrediente Freiheitsverlust als ein zentraler Punkt des Suchtgeschehens und des Leidens in der Sucht anzusehen ist, soll an dieser Stelle die Verantwortung für die eigene Freiheit bewußt werden.

Selbsterfahrungsfrage: Wie frei erlebe ich mich? Wie oft wähle ich an einem Tag? Wieviele Möglichkeiten habe ich jetzt in dieser Situation? Wie gehe ich damit um?

Noch ein zweiter Punkt soll in der Anthropologie herausgearbeitet werden, nämlich das Verhältnis der psychischen zur personal-existentiellen Dimension.

Gruppenfrage: Habt ihr eigene Erfahrungen, wo das psychische und geistige Erleben zusammenfallen und wo sie divergieren? Wie gehen wir mit solchen Situationen um? Beispiele aus der Entstehung von Suchtkrankheiten können das Bild abrunden.

Das Kapitel über die **Motivationslehre** kann gut selbsterfahrerisch angefangen werden (eine vollständige selbsterfahrerische Durcharbeitung würde einen Ausbildungszeitraum von 1-2 Jahren benötigen).

Einstiegsfrage/Kleingruppenselbsterfahrung: Was bewegte mich heute aufzustehen und nicht liegenzubleiben?

An dieser einfachen Frage kann bei genügender Kenntnis und mit einigem Geschick die gesamte Motivationslehre erlebnisnah bearbeitet werden. Alle Grundmotivationen bis hin zum Sinn lassen sich schrittweise aufrollen.

Nach der didaktischen Darstellung der Motivationslehre empfiehlt sich wieder eine Kleingruppenselbsterfahrung zur Vertiefung der zweiten Grundmotivation, des Grundwertes, da dieser für die Suchtbehandlung besonders wichtig ist.

Kleingruppenselbsterfahrung: Wenn ich mir so bewußt mache, daß ich da bin, auf dieser Welt, und mich einmal offen frage: Wie ist das für mich, daß es mich gibt? Was taucht da in mir auf? Welches Gefühl stellt sich ein? – Mag ich leben?
Aus dem Fragenpool, den wir in der Ausbildung zur Existenzanalyse und Logotherapie haben, eignen sich viele Fragen ad hoc für Selbsterfahrungsgruppen oder Vertiefungen. Diese Fragen gehören natürlich zum Reper-

toire eines Ausbildners in Existenzanalyse/Logotherapie, und er kann nach Bedarf auf sie zurück-greifen. Zwei Themen, die für die Behandlung von Abhängigkeiten von Interesse sind, sollen zum Abschluß für eine weitergehende Vertiefung angeführt werden.
Zum Thema „Passivierung durch Wunschhaltung": Habe ich selbst schon ein starkes Verlangen oder Streben nach Glück kennengelernt? Kenne ich meine tiefsten und meine stillen Lebenswünsche? Wie gehe ich mit ihnen um? Worauf warte ich? Warum?
Zum Thema „Leidvermeidung" als Element der Suchtentstehung: Wie gut kann ich Leid aushalten? Wie verhalte ich mich, wenn ich Leid ertragen muß? An konkreten Beispielen arbeiten, z.B. körperliches, seelisches Leid.

Übung: Zum Abschluß soll noch in einem Rollenspiel der Umgang mit der Motivation geübt werden. Am besten führt der Gruppenleiter vor der Großgruppe mit einem Teilnehmer ein Rollenspiel durch, in welchem der Gruppenleiter als Suchtberater oder Therapeut fungiert. Es können die unterschiedlichsten Situationen gespielt werden: einmal, wo es darum geht, den Klienten zu einer Therapie zu motivieren, oder um eine Überprüfung der Motivation eines Therapiewilligen, oder um Kontaktaufnahme mit einem resignierten, unmotivierten Klienten. Danach ist es gut, in Dreiergruppen solche Situationen üben zu lassen, wobei der dritte Teilnehmer jeweils der Supervisor für die beiden anderen darstellt und in der Besprechung seine Beobachtung mitteilt. Turnusmäßiger Wechsel.

Auch das Kapitel **„Werte und Sinn"** soll neben der Theorie eine selbsterfahrerische Frage beinhalten. Diese kann, je nach Gruppenverlauf, an jeder Stelle eingebaut werden.

Kleingruppenselbsterfahrung: Was ist das Sinnrelief meines Lebens – wofür lebe ich zur Zeit?

Übung zur Gesprächsführung. Die Situation: in einem Gespräch mit einem Klienten kommt heraus, daß er unter der Sinnlosigkeit seines Lebens leidet. „Es hat eh alles keinen Sinn". Die Gesprächsführung kann, je nach verfügbarer Zeit, nur auf der Ebene der Sinnfindung gehalten werden oder auch tiefer geführt werden bis in die Motivationsebenen hinein. Es ist günstig, wenn sich mehrere/alle Teilnehmer versuchen bzw. abwechseln, bzw. in Kleingruppen weitergearbeitet wird. Anschließend Erfahrungsaustausch.

Das Kapitel „**Existentielle Wende**“ führen wir gerne selbsterfahrerisch durch.

Kleingruppenselbsterfahrung: Was sind die Fragen, die mir das Leben zur Zeit stellt? Wodurch fühle ich mich angefragt, in Frage gestellt? – Welche Antworten hätte ich wem zu geben?

Übung: Die Situation einer Wunschhaltung in eine Willenshaltung überführen (Rollenspiel). Zum Beispiel die Situation: „Ich möchte, daß meine Freundin wieder zurückkehrt.“ Meist kommen aber auch Wunschsituationen von den Teilnehmern selbst.

Der didaktische Aufbau des Kurses ist selbsterfahrungsbezogen. Was man an sich erfahren und erprobt hat, ist am besten gelernt. Ziel ist außerdem, die eigene Persönlichkeit zu schulen, da sie das wichtigste Instrument in der existenzanalytischen Behandlung, Beratung und Therapie darstellt. So wird während des Seminarverlaufs zwei- bis dreimal von den Teilnehmern Stellungnahme zum Kursverlauf eingeholt Wie es ihnen mit dem Kurs bisher gehe, welche Wünsche, Probleme, Ängste sie hätten, und ob sie für sich persönlich auch einen Gewinn sähen. Zum Ende des Kurses ist ein Abschlußfeedback vorgesehen, wo noch einmal jeder Kursteilnehmer sein Erleben und seine persönliche Stellungnahme zum ganzen Kurs gibt. Auch der Kursleiter bringt sich ein und gibt seine Erfahrung mit der Gruppe zurück.

Literatur

Böschemeyer U. (1977) Die Sinnfrage in Psychotherapie und Theologie. Berlin: de Gruyter

Crumbaugh J. C. (1973) Everything to gain. A guide to self-fulfillment through Logoanalysis. Chicago: Nelson-Hall Company

Crumbaugh J. C. (1983) Alcoholic recovery by videotape. In International Forum for Logotherapy Vol. 6, 1, 47-49

Crumbaugh J. C., Wood & Wood (1980). Logotherapy. New Help for Problem Drinkers.Chicago: Nelson-Hall Company

Emge S. (1995) Alkoholabusus und Belastungsverarbeitung vor dem Hintergrund existenzanalytischer Betrachtungen. Unveröffentlichte Diplomarbeit der Grund- und Integrativwissenschaftliche Fakultät der Universität Wien

Fraiser A. R. (1979) Narcotics. In Fabry J. B., Bulka R. P., Sahakian W. S. (Hg.) Logotherapy in Action, 253-264. New York: Jason Aronson

Frankl V. E. (1982) Ärztliche Seelsorge. Wien: Deuticke, 4. erg. Auflage oder: (1986) München: Piper 475

Frankl V. E. (1986) Am Anfang war der Sinn. Franz Kreuzer im Gespräch mit V. E. Frankl. München: Piper 520

Frankl V. E. (1987a) Logotherapie und Existenzanalyse. Texte aus fünf Jahrzehnten. München: Piper

Frankl V. E. (1987b) Theorie und Therapie der Neurosen. München: Reinhardt Uni-TB 457, 6. Auflage

Frankl V. E. (1987c) Das Leiden am sinnlosen Leben. Freiburg: Herder TB 615, 10. Auflage

Frankl V. E. (1988a) Die Sinnfrage in der Psychotherapie. München: Piper, 3. Auflage

Frankl V. E. (1988b) Der unbewußte Gott. Psychotherapie und Religion. München: Kösel, 6. Auflage

Frankl V. E. (1990) Der leidende Mensch. Anthropologische Grundlagen der Psychotherapie. München: Piper

Frankl V. E. (1991a) Der Wille zum Sinn. München: Piper

Frankl V. E. (1991b) ... trotzdem Ja zum Leben sagen. Ein Psychologe erlebt das Konzentrationslager. München: dtv 980

Froggio G. (1987) Un male oscuro. Alcolismo e logoterapia di V. E. Frankl. Presentazione di Eugenio Fizzotti. San Paolo: Edizione Paoline

Froggio G. (1988) Bemerkungen zum Einsatz der Logotherapie bei der Behandlung des Alkoholismus. In Längle A. (Hrsg.), Entscheidung zum Sein, 230-237. München: Piper

Gasquères E. A. (1985) Kranksein – dennoch leben? In Längle A. (Hg.), Wege zum Sinn, 22-33. München: Piper

Henrion R. (1987) Making logotherapy a reality in treating alcoholics. In International Forum for Logotherpapy, Fal-Win, Vol. 10, 2, 112-117

Hofstätter P. R. (1957) Psychologie. Frankfurt/M.: Fischer

Holmes R. M. (1970) Alcoholics Anonymous as group logotherapy. In Pastoral Psychology, Mar, Vol. 21, 202, 30-36

Holmes R. M. (1979) Alcoholics. In Fabry J. B., Bulka R. P., Sahakian W. S. (Hg.) Logotherapy in Action 243-252. New York: Jason Aronson

Katz S. (1988) Das Konzept „Lebenssinn" und seine Operationalisierung im Zusammenhang mit der Diagnose und Therapie von Drogensüchtigen. Zürich: Universität, Philosophische Fakultät I

Kern P. (1992) Eine „Sinn-Gruppe" als Zusatzangebot bei der stationären Behandlung von Suchtkranken. In Sucht 38, 3, 173-179

Köhler I. (1993) Logotherapeutische und existenzanalytische Ansatzpunkte in der „akzeptierenden Drogenarbeit". Projektarbeit zum universitären Lehrgang für Suchtberatung Schloß Hofen, WS 1993/94. Unveröffentlichtes Manuskript. Wien: Bibliothek der Gesellschaft für Logotherapie und Existenzanalyse

Kurz W. (1987) Ethische Erziehung als religionspädagogische Aufgabe. Vandenhoek & Ruprecht

Kühn R. (1992) Sinn-Sein-Sollen. Beiträge zu einer phänomenologischen Existenzanalyse in Auseinandersetzung mit dem Denken V. E. Frankls. Cuxhaven: Junghans-Verlag, 2. Auflage

Längle A. (1985) (Hrsg.) Wege zum Sinn. Logotherapie als Orientierungshilfe. München: Piper

Längle A. (1988) (Hrsg,) Entscheidung zum Sein. Logotherapie in der Praxis. München: Piper

Längle A. (1993a) Sinnvoll leben. Angewandte Existenzanalyse. St. Pölten: NÖ Pressehaus

Längle A. (1993b) (Hrsg.) Wertbegegnung. Phänomene und methodische Zugänge. Tagungsbericht der GLE. Wien: Gesellschaft für Logotherapie und Existenzanalyse

Längle A. (1994a) Lebenskultur-Kulturleben. Die Kunst, Bewegendem zu begegnen. In Bulletin der Gesellschaft für Logotherapie und Existenzanalyse 11, 1, 3-8

Längle A. (1994b) Sinn-Glaube oder Sinn-Gespür? Zur Differenzierung von ontologischem und existentiellem Sinn in der Logotherapie. In Bulletin der Gesellschaft für Logotherapie und Existenzanalyse, 11, 2, 15-20

Lukas E. (1983) Von der Tiefen- zur Höhenpsychologie. Logotherapie in der Beratungspraxis. Freiburg: Herder

Lukas E. (1984) Auch dein Leben hat Sinn. Logotherapeutische Wege zur Gesundung. Freiburg: Herder

Lukas E. (1986) Die suchtpräventiven Möglichkeiten der Logotherapie. In Deutsche Hauptstelle gegen die Suchtgefahren. (Hrsg.) Sinnfrage und Suchtprobleme. Menschenbild, Wertorientierung, Therapieziele. Hoheneck: Hamm, 43-59

Peschel H. W. (1988) Existenzanalyse des Alkoholismus und einige Hinweise für die therapeutische Praxis. In Längle A. (Hrsg.), Entscheidung zum Sein, 214-229. München: Piper

Rosenheim H. D. (1988) Ethological existentialism for substance abuse. In International Forum for Logotherapy Vol. 11, 1, 17-22

Waibel E. M. (1992) Von der Suchtprävention zur Gesundheitsförderung in der Schule. Der lange Weg der kleinen Schritte. Frankfurt/M.: Peter Lang Verlag

Waibel E. M. (1994) Erziehung zum Selbstwert. Persönlichkeitsförderung als zentrales pädagogisches Anliegen. Donauwörth: Auer

Wicki B. (1991) Die Existenzanalyse von Viktor Frankl als Beitrag zu einer anthropologisch fundierten Pädagogik. Bern: Haupt

Yalom I. D. (1980) Existential Psychotherapy. New York: Basik Books

Anschrift des Verfassers:

Dr. med. Dr. phil. Alfried Längle
Eduard Sueß-Gasse 10
A-1150 Wien

Erfahrungen aus dem klinischen Alltag mit Suchtkranken

Johannes Rauch, Astrid Görtz

Im folgenden Artikel werden Erfahrungen aus dem klinischen Alltag der letzten 5 Jahre im Krankenhaus Maria Ebene in Feldkrich/Vorarlberg zusammengetragen, welche sich insgesamt auf etwa 500 Patienten beziehen.
Maria Ebene ist ein Krankenhaus mit 50 Betten, vorwiegend für Alkoholabhängige, Medikamentenabhängige, Polytoxikomane und vereinzelt Drogenabhängige. Die Patienten verbleiben für 8 Wochen in stationärer Therapie, bei Persönlichkeitsstörungen wird der Aufenthalt meist auf 16 Wochen verlängert.

Johannes Rauch und Astrid Görtz geben einen persönlichen Erfahrungsbericht, ausgehend vom Erleben der Patienten, wie es sich ihnen in therapeutischen Einzelgesprächen und Gruppensitzungen darstellte. Entwicklungen und Wege, die in die Abhängigkeit führen, werden aufgrund von Beobachtungen aus der therapeutischen Arbeit beschrieben, weiters werden die therapeutische Haltung und einzelne therapeutische Schritte besprochen.)*

Die auffallendste Gemeinsamkeit im Erleben der Patienten ist der Wunsch, zu sich zu finden. Für viele Suchtkranke steht die Frage „Wer bin ich?“ im Zentrum ihres Suchens. So steht auch am Beginn der Suchttherapie, wie sie seit Jahren in Maria Ebene durchgeführt wird, eine Übung, die sich dieser Frage widmet und für die ein ganzer Tag reserviert ist. Die Übung wird als „Selbst“-Übung bezeichnet. Als „Ich“ wird das

*) An dieser Stelle sei auch eine im Krankenhaus laufende empirische Studie zur Therapieevaluation erwähnt, an der bereits 237 Patienten teilgenommen haben. Dabei werden unter anderem die Parameter Befindlichkeit, Symptombelastung, Lebensqualität, seelische Gesundheit, das Selbstbild nach dem Gießen-Test und die Existentialität nach der Existenz-Skala untersucht. In einer Nachuntersuchung werden die Patienten nach einem halben Jahr zum Therapieerfolg aus ihrer Sicht befragt. Katamnestische Daten liegen derzeit von etwa 50 % der Befragten vor.

Bild verstanden, das ich von mir habe, als „Selbst" das Bild von mir, das ich durch andere zurückgespiegelt bekomme. Ich zeige mich aus einem tiefen Wissen um mich selbst dem anderen und handle in die Welt hinein. Daraus bekomme ich Rückmeldungen bzw. Rückspiegelungen. Rückmeldungen, die nahe an meinem Wesen sind, bringen mich mir selbst sehr nahe. Je mehr die Rückmeldung von mir bzw. von meinem „Ich" abweicht, desto stärker entsteht Verunsicherung, die schmerzt, die aggressiv macht, die in die Depression führt. In der wiederholten Abweichung dieser Rückmeldung falle ich in eine Rolle und gehe mir selbst dabei immer mehr verloren.
In der erwähnten Übung, die immer in der Gruppe durchgeführt wird, wird in einem Zustand von Entspannung folgenden angeleiteten Fragen nachgegangen:

- Welches grundsätzliche Gefühl bleibt, wenn ich von mir spreche?
- Welche Menschen haben mich in meinem Wesen erkannt (jetzt und früher)?
- Welche Menschen haben mich mir selbst nahe gebracht, haben mich in meinem Wesen gefördert?
- Kann ich Situationen finden, in denen ich in bezug auf mich selbst in die Irre geführt wurde oder werde?

Im Anschluß an die Entspannung wird in der Gruppe zum Erlebten Stellung genommen.
Die erstaunliche Beobachtung bei vielen Suchtkranken (etwa 2/3) ist, daß diese Erfahrung, im Wesen erkannt zu sein, gänzlich fehlt, vor allem in den Jahren des Aufwachsens. Bei Eltern und Lehrern haben die wenigsten dies erfahren. Wenn überhaupt, waren es Personen am Rande, wie etwa Nachbarn oder entferntere Bekannte. In der Übung wird dies als tiefe Betroffenheit und Trauer erlebt. Darin wird der personale Wert des Einzelnen deutlich spürbar.
Aus der Beobachtung dieses Phänomens stellt sich die Frage, warum diese Trauer so viele Jahre nicht gespürt und zugelassen werden konnte? Viele trauerten in der Einsamkeit. Dies verstärkte den Schmerz noch weiter. Auch das Funktionieren in einer Rolle, welches die Distanz zum eigenen Wesen noch vergrößert, intensiviert den Schmerz.
Um diesen tiefen Schmerz zu lindern, wird irgendwann zum Alkohol gegriffen. Der Schmerz wird dabei quasi narkotisiert. Alkohol baut

Blockaden ab, und im Rausch wird es möglich, für kurze Zeit die Rolle abzulegen, die Einsamkeit zu überwinden, sich als Person zu zeigen, der Sehnsucht nach Nähe zu einem anderen nachzugehen, den Mut aufzubringen, ein Mädchen anzusprechen oder es zum Tanz aufzufordern, usw. Dieses Erlebnis von ‚Ich-selbst-Sein" ist an den Alkohol gebunden. Mittel- und langfristig entstehen daraus psychische und körperliche Abhängigkeit. In der chronischen Phase der Alkoholabhängigkeit geht sich die Person in der Rolle des ‚Alkoholikers" fast gänzlich verloren. Der personale Wert gerät so in Gefahr, daß daraus oft die Motivation zur Therapie entsteht.

Die beschriebene Entwicklung konnte im Leben vieler Suchtkranker rückblickend gesehen werden.

Das zentrale Erleben ist, daß Lebensraum und Person verletzt, nicht geachtet, nicht gesehen, bedroht (worden) sind. Eine Patientin schildert dies mit folgenden Worten:

„Innere Leere. Ich fühle mich ungeliebt, überflüssig. Niemand versteht mich. Überflüssig. Einsam, einsam ... Verlassen, allein ... Verrückt. Übrig. Als Nichts, als Null. Dreck ... der letzte Dreck ... Ich fühle mich wie eine wunde Hülle. Es schmerzt. Nirgends dazugehörig. Ich fühle mich daneben. Alles in allem fühle ich mich wie ein total schmerzendes Knäuel, das nur noch versucht zu funktionieren. Ich bin schlecht und vollkommen daneben. Zu Tode müde. Ich kann nicht mehr leben, aber auch nicht sterben. Ich weiß nicht, wer ich bin. Schmerz, Qual, verletzt, blutend vegetiere ich dahin. Ich will endlich geliebt werden."

In der Therapie zeigt sich, daß das Erleben von Wut meist gänzlich fehlt. Wut ist ein Ausdruck von Trauer, sie zeigt den personalen Wert. In der Wut geht es nicht wie im Zorn darum zu zerstören, sondern das auszudrücken, was mir wichtig und wert ist. Wut ist ein heilendes Gefühl. Darin zeigt sich die Person authentisch, in der Verletzung ihres Wertes und im Einsatz um diesen. Wenn der Ausdruck von Wut nicht möglich ist – oft bringt sich die Person (das Kind) dadurch in reale Gefahr, verlassen, nicht angenommen, zerstört zu werden – wird zu einem Ersatzmittel, z. B. Alkohol, gegriffen und der Weg in die Sucht geöffnet. Auf diesem Weg konnten wir drei Reaktionsweisen, möglicherweise auch Stadien beobachten:

1. Die Person flieht, geht weg, läßt sich den Raum nehmen, gibt auf. Daraus resultiert Aggression gegen sich selber. Darunter lauert die Angst, daß „das, was mir wichtig ist, keinen Platz hat".
2. Die Person läßt zu, daß das, was ihr wichtig ist, verletzt wird, schluckt den Ärger, wartet ab, läßt sich entwerten, begibt sich in eine leidvolle Situation. Diese angepaßte Haltung führt in Depression und Resignation, in ein Nicht-mehr-kämpfen-Wollen.
3. Die Person wirkt zerstörerisch. Sie versucht, „sich irgendwie Raum zu verschaffen", zum Beispiel durch das Trinken.

Ein Ziel der Therapie ist es, zur eigenen Wut zu kommen. Auf den drei angesprochenen Ebenen führt das zu folgender Erfahrung:
1. Raum haben („Hier kann ICH sein" – auch in der Rolle des Alkoholikers kann ICH sein).
2. Sich Raum nehmen („Gut, daß ich bin").
3. „Es ist gut, so wie es ist." („Es darf so sein.")

Wie wir am Beginn dieses Berichts erwähnt haben, geht es dem Suchtkranken im Grunde darum, sich in seiner Person zu erfassen und zu entdecken. Im therapeutischen Umgang ist uns die dialogische Haltung von großer Wichtigkeit. In Einzelgesprächen, in den Gruppensitzungen und in der Soziotherapie wird viel Rückmeldung über das eigene Wesen gegeben. Lückenlose Abstinenz ist in dieser Zeit unbedingte Voraussetzung. So kann erlebt werden, daß die Überwindung der Rolle, das Sich-Zeigen und Zu-sich-Stehen ohne Suchtmittel möglich ist.
Das Wesen der Person kommt am stärksten in Entscheidungen zum Tragen. Verantwortung für das Eigene zu übernehmen, kann Angst machen. Im Laufe der Therapie werden immer auch folgende Fragen erarbeitet:
- Wozu will ich abstinent sein?
- Wofür will ich mich einsetzen?
- Wofür will ich gelebt haben?

Das Wesen der Person wird dort sichtbar, wo ich beginne, die eigene Welt mitzugestalten und sie nicht länger passiv über mich ergehen zu lassen. Die Gruppe als Raum für Begegnung in der Auseinandersetzung mit diesen Fragen wird sehr wichtig genommen.

Mag. Johannes Rauch ist seit 10 Jahren als Kreativtherapeut und Psychotherapeut im Krankenhaus Maria Ebene in Feldkirch/Vorarlberg tätig.

Mag. Astrid Görtz, Psychotherapeutin in Ausbildung, verbrachte zwei Sommer als Praktikantin in Maria Ebene und arbeitete dort eng mit Johannes Rauch zusammen.

Anschrift der Verfasser:

Mag. Astrid Görtz
Theophil Hansen Gasse 7/1/3
A-1230 Wien

Mag. Johannes Rauch
Torkelweg 7
A-6824 Schlins

Die existentielle Seite der Alkoholkrankheit
Eine existenzanalytische Untersuchung an Alkoholkranken

Michael Rainer

Einleitung

Alkohol-, Medikamenten- und Drogenabhängigkeit sowie deren abusuelle Verwendung gehören heute zu den häufigst gestellten psychiatrischen Diagnosen in einem allgemeinpsychiatrischen Krankenhaus. Steigender Wohlstand, zunehmende Arbeitsentlastung, relative Chancengleichheit und ein pluralistisches Werteangebot sowie ein grenzenloser Fortschrittsoptimismus konnten die hohen Erwartungen nach einem konfliktlosen Menschen in einer konfliktfreien Umgebung – wie ihn Marcuse zeichnete – nicht erfüllen. Statt dessen finden wir in allen westlichen Industrieländern eine erstmals von Frankl beschriebene kollektive „Massenneurose" – bestehend aus einer Syndrom-Trias von Depression, Aggression und Suchtverhalten.
Ich möchte mich nun auf eine Suchtform – die Alkoholkrankheit – beschränken, und Ihnen nach einem existenzanalytischen Erklärungsversuch zur Genese der Alkoholabhängigkeit eine existenzanalytische Studie an 50 Alkoholkranken vorstellen. Abschließend möchte ich unseren existenzanalytisch-logotherapeutischen Therapieweg vorstellen.

Die existenzanalytische Sicht der Alkohol-Genese

Alkoholkrankheit ist nach heutigem Wissen eine psychophysisch-soziale Komplexerkrankung. Auch wir gehen in der Existenzanalyse von dieser „Multikonditionalität" im Sinne Feuerleins aus, jedoch erweitern wir die Erfassung des Menschen noch um eine geistige (noetische) Dimension, um die Dimension seines personalen Seins, seiner Selbsttranszendenz und Selbstdistanzierung, seiner Freiheit und Verantwortung, sowie seiner Sinnorientierung und Wertstrebigkeit. Drogen und Alkoholabusus sind in unserem Verständnis eine maskierte Form der existentiellen Frustration.

Wie sehr die Suchtproblematik eine existentielle Problematik ist, sieht man daran, daß Sucht in der psychiatrischen Fachliteratur oft als eine Art „protrahierter Suizid“ bezeichnet wird, da die gesundheitliche und soziale Existenz zerstört wird und auch viele Süchtige im Suizid enden. Die Abgleitung in die Sucht ist eine der radikalsten, selbstgewählten Freiheitsentzüge mit selbstzerstörerischer Tendenz. Personalem menschlichem Sein kann es jedoch nicht um die Zerstörung dieses Daseins gehen.

Die Wahl für den Alkohol war anfangs zwar eine **freiwillige Entscheidung,** aber eine Fehlentscheidung. Im Laufe der Zeit werden diese Entscheidungen immer unfreier, und es folgt ein pathologischer Zwang. Nach Scheler ist **„Menschsein ein Sein der Entscheidungen“** und wir finden auch bei einer chronischen Alkoholabhängigkeit eine Vielzahl einzelner freier Entscheidungen – jedenfalls anfangs. Aufgrund dieser langen Vorentscheidungskette kann dem Alkoholkranken auch niemand seine **Verantwortung** abnehmen.

Es kommt beim Alkoholkranken zur Abwendung von der gegenständlichen Welt des Seins hin zu einem „zuständlichen“ Erleben, zum Leben in einer Welt des Scheins. Durch die Zentrierung auf den Alkohol kommt es zur Nivellierung eines sinnvoll erfahrenen Daseins, da immer weniger Sinn und Werte verwirklicht werden. Der Wille zum Sinn wird im Alkohol ertränkt. Durch die psychophysische Abhängigkeit werden seine menschlichen Grundfunktionen, die Fähigkeit zur Selbstdistanzierung und auch die Fähigkeit zur Selbsttranszendenz blockiert.

Im fortgeschrittenen chronischen Stadium schließlich verabsolutiert der Alkoholkranke nur mehr einen Wert – den Alkohol. Durch die Vergötzung des Alkohols wird der Abhängige Sklave im eigenen Haus, die Welt dient ihm nur mehr als Mittel zum Zweck, um seine Bedürfnisse rücksichtslos zu befriedigen. Nun hat sich die negative Spirale geschlossen: sein personales Sein ist fragmentiert, die geistige Person ist entmenschlicht, die Persönlichkeit vergröbert, die menschliche Würde zerstört, sozial ist er desintegriert, die Familie oftmals aufgelöst.

Die existenzanalytische Untersuchung an Alkoholkranken

Ausgehend von der Arbeit einer Expertenkommission aus Connecticut, USA, die fand, daß die besten therapeutischen Erfolge dort erzielt werden, wo der Alkoholkranke die Fähigkeit erwirbt, in seinem Leben einen Sinn und einen Wert zu sehen, und basierend auf der Annahme, daß süchtigem Verhalten Sinnleere und Werteverlust, ein „existentielles Vakuum" zugrundeliegen, führten wir unsere Studie durch.
Als **Arbeitshypothese** nahmen wir an, daß der Grad der existentiellen Frustration signifikant mit dem „Alcohol-involvement-index" korreliert. Hauptaugenmerk richteten wir auf die existentielle Situation, die Einstellung und Haltung dem Alkohol gegenüber, die persönliche Sinnfindung und Wertewelt, die noetische Dimension und die zugrundeliegenden Trinkgründe und Trinkmotive. Begleitend dazu, führten wir eine semi standardisierte Erhebung von soziodemographischen und Hintergrundsdaten durch.
Als **Meßinstrumente** dienten uns nach einem strukturierten Interview ein Anamnese-Fragebogen (APS), ein Einstellungs-Fragebogen zum Alkoholismus (EFA) und die von Längle und Orgler geschaffene Existenzskala.
Zielgruppe waren Patienten, die an Alkohol-Abhängigkeit (ICD 303.1) oder Alkohol-Abusus (ICD 305.0) litten. Eine kombinierte Sucht mit Medikamenten- oder Drogenabhängigkeit war dabei kein Ausschlußkriterium.
Die **Untersuchungsgruppe** umfaßte 50 Alkoholkranke, die nach einer ca. 1-2 wöchigen Detoxifikationsphase auf einer der zwei Stationen für Entwöhnungstherapie weiterbehandelt wurden.

Zu den Ergebnissen

Nach Durchsicht aller Daten verblieben schließlich 46 Patienten (davon 33 Männer mit einem Durchschnittsalter von 46 Jahren, und 13 Frauen mit einem Durchschnittsalter von 38,5 Jahren), die in der Endauswertung berücksichtigt werden konnten.

Die 1. Tabelle zeigt die von uns gestellten **Haupt- und Nebendiagnosen.** Sie sehen, daß dabei die chronische Alkoholabhängigkeit deutlich vor

	Männer	Frauen
	(n = 33)	(n = 13)
Hauptdiagnose		
Alkoholabhängigkeit (ICD 303. 1)	28	10
Alkoholmißbrauch (ICD 305.0)	5	3
Nebendiagnose		
Alkoholinduziertes hirnorganisches		
Psychosyndrom (ICD 291. 2)	13	3
Persönlichkeitsentwicklungsstörung (ICD 301. 8, 301. 9)	9	3
Alkoholbedingte Polyneuropathie (ICD 357. 7)	7	2
Alkoholinduzierte Hepatopathie (ICD 571. 3)	6	2
Prädelir (ICD 291. 8)	5	-
Polytoxikomanie (ICD 304.0)	3	2
Neurose (ICD 300. 9)	-	2
Grand Mal Epilepsie (ICD 345. 1)	2	-
Mb. Parkinson (ICD 332.0)	2	-
Manisch depressive Krankheit (ICD 296. 5)	1	-
Schizophrenie (ICD 295.0)	1	-

Tab. 1: *Haupt- und Nebendiagnosen der Untersuchungsgruppen*

dem symptomatischen Alkohol-Abusus überwiegt. Darunter angeführt sind alle Nebendiagnosen, auf die ich nicht näher eingehen kann.

Die 2. Tabelle zeigt einen Teil der **Ergebnisse des Anamnesefragebogens** zur Person und Suchtentwicklung. Es wurden hier alle soziodemographischen Daten erfaßt. Aufgelistet sind hier z. B. Einkommen, Beruf, Wohnsituation, Familienstand und Ausbildung. Daraus sieht man den beruflichen, sozialen und familiären Abstieg.

	Männer	Frauen
Einkommen		
eigenes Einkommen	45,45 % (15 Pat.)	23,08 % (3 Pat.)
Pension	21,21 % (7 Pat.)	30,76 % (4 Pat.)
Frühpension	6,06 % (2 Pat.)	7,69 % (1 Pat.)
Sozialhilfe	15,25 % (5 Pat.)	15,38 % (2 Pat.)
unterstützt	12,12 % (4 Pat.)	23,1 % (3 Pat.)
Beruf		
immer erwerbstätig	24,24 % (8 Pat.)	0,0 % (0 Pat.)
zeitweise erwerbstätig	63,64 % (21 Pat.)	69,23 % (9 Pat.)
nicht erwerbstätig	12,12 % (4 Pat.)	30,77 % (4 Pat.)
Wohnsituation		
eigene Wohnung	57,58 % (19 Pat.)	76,92 % (10 Pat.)
obdachlos	9,1 % (3 Pat.)	0 % (0 Pat.)
wohnen bei anderen	33,32 % (11 Pat.)	23,08 % (3 Pat.)
Familienstand		
verheiratet	18,18 % (6 Pat.)	38,46 % (5 Pat.)
geschieden	24,24 % (8 Pat.)	30,77 % (4 Pat.)
ledig	54,54 % (18 Pat.)	23,07 % (3 Pat.)
verwitwet	3,03 % (1 Pat.)	7,69 % (1 Pat.)
Ausbildung		
VS/HS ohne Abschluß	9 % (3 Pat.)	30,77 % (4 Pat.)
VS/HS mit Abschluß	91 % (30 Pat.)	69,23 % (9 Pat.)
ledig abgeschl. Lehre	60,6 % (20 Pat.)	23,1 % (3 Pat.)
mittlere Reife	3 % (1 Pat.)	7,7 % (1 Pat.)
Abitur	3 % (1 Pat.)	15,4 % (2 Pat.)
Fach/Hochschulreife	21,2 % (7 Pat.)	15,4 % (2 Pat.)

Tab. 2: *Soziale Daten*

Genauer ansehen wollen wir uns jedoch die **Untersuchung der Trinkmotive:** (Tabelle 3)

	Männer	Frauen
	(n = 33)	(n = 13)
Trinkmotive (Mehrfachantworten möglich)		
Innere Leere und Sinnlosigkeits-Gefühl	17 (51,5 %)	8 (61,5 %)
familiäre oder Partnerschaftsprobleme	14 (42,5 %)	7 (53,8 %)
soziale Probleme	12 (36,4 %)	2 (15,4 %)
innere Spannungen	8 (24,2 %)	4 (30,8 %)
exogene Belastungen	7 (21,2 %)	2 (15,4 %)
impulshaftes Trinken	4 (12,1 %)	3 (23,1 %)
andere Gründe	11 (33,3 %)	3 (23,1 %)

Tab. 3: *Trinkmotiv*

Unsere Arbeitshypothese, daß Alkoholabhängigkeit bzw. Alkoholabusus als Vakatwucherung anzusehen ist, und das existentielle Vakuum als einer der wichtigsten ätiologischen Faktoren imponiert, wurde bestätigt. Innere Leere und Sinnlosigkeitsgefühle stehen im Vordergrund und wurden von 17 Männern (= 51,5 %) und 8 Frauen (= 61,5 %) als Hauptgrund angegeben, gefolgt von familiären bzw. Partnerschaftsproblemen und sozialen Problemen. Damit wurde Alexander Ebert, Leiter des 4. Drogenkongresses 81 in Augsburg bestätigt, der als Hauptanstoß zum Suchtverhalten das Fehlen von akzeptablen Lebensinhalten sah.
Mit den **Einstellungsfragebögen** werden die subjektiven Vorstellungen über die Ätiologie des Alkoholismus erfaßt. Bei den meisten Patienten besteht ja ein starkes Bedürfnis nach kausaler Erklärung und Rechtfertigung. Verzerrende Attributionsprozesse (d. h. naive Schlußfolgerungen über die hinter Ereignissen stehenden Gründe) werden oft zur Selbstbildaufrechterhaltung eingesetzt und sollten vor der psychotherapeutischen Bearbeitung erkannt werden.
Im Einstellungsfragebogen dominiert das **Krankheitsmodell** deutlich mit 361 Punkten. Dieses Modell geht von physiologischen Defiziten aus, z. B. Organschwäche oder erblicher Enzymdefekt, die zwar eine internale, je-

doch keine Schuldzuweisung implizieren. Diese Patienten zeigen nur eine geringe Bereitschaft, die Verantwortung für ihren eigenen Abstieg zu übernehmen und sich der Schuldfrage zu stellen. Sie zeichnen sich weiter durch eine deterministische Sichtweise aus und beurteilen psychologische Variablen äußerst unkritisch.
An zweiter Stelle der Vorstellungen über die Ursache der Alkoholkrankheit kamen in etwa gleichrangig das **individuelle** und das **moralische Alkoholismusmodell.** Zuletzt das **umweltorientierte Modell,** in dem der Alkoholkranke externale Ursachen überbewertet und sich als Spiegelbild der Umgebung sieht.

Ergebnisse und Existenzskala

Mit der Existenzskala soll versucht werden, die existentielle Situation, den Existenzvollzug und die noetische Dimension zu erfassen. In 46 Items werden hier die 4 noetischen Bereiche Selbstdistanzierung, Selbsttranszendenz, Freiheit und Verantwortung definiert und erfaßt, und anhand des 4-stufigen-Sinnerfassungs-Modells nach A. Längle (Wahrnehmen, Bewerten, Entscheiden und Handeln) operationalisiert.
Zusammenfassend kann gleich zu Beginn gesagt werden, daß die Gesamtheit der Patienten ihre personalen Fähigkeiten für sinnvolle Lebensgestal-

	Männer	Frauen	MW	σ
	(n = 33)	(n = 13)		
Ergebnisse der Existenzskala, n = 46				
SD Mittelwert	21,36	25,38	35,31	6,8
ST Mittelwert	44,63	51,23	71,22	10,2
F Mittelwert	31,72	35,38	50,50	9,6
V Mittelwert	37,75	35,07	57,09	11,1
P-Maß Mittelwert	66	70,46	106,53	15,6
E-Maß Mittelwert	69,48	70,46	107,7	19,7
Gesamtwert Mittelwert	135,48	147,07	214,18	33,0

Tab. 4: *Ergebnisse der Existenzskala, n = 46*

tung im Vergleich zu einer Durchschnittspopulation in reduziertem Maße einsetzt.
Aus den Antworten zur **ersten Subskala Selbstdistanzierung** ergaben sich interessante pathologische Fehlhaltungen und Einstellungen: z. B. Egozentrierung, Selbstverhaftetsein, geringe Orientierungssicherheit, subjektivistisches Lebensprinzip, Wunschdenken, „vorkopernikanische Haltung", zwanghaft-pathologisches „Tun-Müssen". Typische existenzanalytische Fragen waren z. B.: „Ich beschäftige mich am liebsten mit mir selbst – mit meinen Sorgen, Wünschen, Träumen und Ängsten." Oder „Die Frage, ob ich etwas tun will, stellt sich selten, da ich meistens etwas tun muß." (pathologisches Tun-Müssen) Für die begleitende Psychotherapie ergaben sich wertvolle Hinweise und eine Bestätigung, daß am noo-psychischen Antagonimus an jener Distanz des Geistigen vom Psychophysikum unsere Therapie ansetzen sollte.

1. Subskala: Selbstdistanzierung (8 Items)	2. Subskala: Selbsttranszendenz (14 Items)
- Egonzentrierung	- reduzierte Wertaffizierung
- Selbstverhaftetsein	- Wert- und Sinnlosigkeitsgefühl
- externer Werteverlust	- Resignation
- geringe Orientierungssicherheit	- reduzierte Orientierungssicherheit
- geringe Belastbarkeit	- Zentrierung auf die eigenen Wünsche
- subjektives Lebensprinzip	- Wertsubjektivismus
- Wunschdenken	- In-Sich-Verhaftet-Sein
- „vorkopernikanische Haltung"	- verminderter Selbst- und - Einstellungswert
- zwanghaft pathologisches	- Werteverzerrung
„TUN-MÜSSEN" - Monotoniegefühle	- reduzierte Wertoffenheit
	- reduziertes Wertaufleuchten

Tab. 5: *Fehlhaltungen, die sich an den Subskalen SD und ST der Existenzskala abbilden*

Nun zur Selbsttranszendenz, die sich auf 14 Fragen stützte: Faßt man die Antworten darauf zusammen, so zeigt sich eine deutlich reduzierte Selbsttranszendenz, bei den Männern wesentlich stärker ausgeprägt als bei den Frauen. Eine reduzierte Wertaffizierung, Wert- und Sinnlosigkeitsgefühle, Resignation, reduzierte Orientierungssicherheit, Zentrierung auf die eigenen Wünsche, Wertsubjektivismus, In-Sich-Verhaftet-Sein, verminderter Selbst- und Einstellungswert, Werteverzerrung waren Phänomene, die bei mehr als der Hälfte der Patienten evident wurden. Spezifische Fragen waren hier z.B. „Ich bin immer wieder interessiert, was der Tag bringt" (Wertoffenheit), oder „Wenn ich krank bin, weiß ich mit dieser Zeit nichts anzufangen" (Einstellungswert) oder „In meinem Leben gibt es nichts Besonderes" (Wertaufleuchten).

Die dritte Subskala erfaßte mit 11 Items die Freiheit:
Wie zu erwarten war, wiesen unsere Alkoholkranken, bei denen die anfänglich vorhandene Freiheit für oder gegen den Alkohol verdeckt und oftmals in einen pathologischen Zwang umgewandelt ist, ein reduziertes Maß an „Freisein" auf. Bei den Männern war dies wieder stärker ausgeprägt. Aus der Analyse der Antworten ergab sich eine geringe Orientierungssicherheit, reduzierte Selbstakzeptanz (v. a. bei Männern), fehlende Wertfühligkeit und geringe Handlungssicherheit, Gezwungensein, innere Unfreiheit und Unzufriedenheit, reduziertes Evidenzgefühl und Wertfühlen, übergroßes Sicherheitsbedürfnis, das zu Verunsicherung und Hemmung des Lebensvollzuges führt, Selbstunsicherheit und verminderte Wertsicherheit. Typische Fragen waren z.B. „Ich kann gut mit mir umgehen" (Selbstakzeptanz), oder „Wenn ich mich entscheiden muß, ist auf mein Gefühl kein Verlaß" (Evidenzgefühl).

Die 4. Subskala: die Verantwortung
Folgende Fehlhaltungen und Fehleinstellungen wurden dabei evident: Orientierungsstöranfälligkeit, Überbewertung der innerpsychischen Spannungsreduktion, mangelnde Standpunkte, geringe Sachlichkeit und Gegenstandsbezogenheit, geringe Selbstsicherheit und Selbstvertrauen, Abhängigkeitsgefühle, geringes Engagement, Passivierung der Person, nicht authentische Wertehierarchie, Fehlorientierung, Orientierungsdissoziation und Kompetenzunsicherheit. Noch einige typische Fragen zur Verantwortung: „Meistens merke ich beim Handeln, welche Konsequenz die

Entscheidung hat“ (Gegenstandsbezogenheit ohne Antizipation der Zukunft), oder „Ich fühle mich zerrissen, weil ich so viele Dinge gleichzeitig mache“ (Orientierungslosigkeit).

3. Subskala: Freiheit, (11 Items)	**4. Subskala: Verantwortung (13 Items)**
- geringe Orientierungssicherheit	- Orientierungsstöranfälligkeit
- reduzierte Selbstakzeptanz	- Überbewertung der innerpsychischen Spannungsreduktion
- fehlende Wertfühligkeit	- mangelnde Standpunkte
- geringe Handlungssicherheit	- geringe Sachlichkeit
- Gezwungensein	- geringe Gegenstandsbezogenheit
- innere Unfreiheit	- geringe Selbstsicherheit
- Unzufriedenheit	- reduziertes Selbstvertrauen
- reduziertes Evidenzgefühl	- Abhängigkeitsgefühl
- reduziertes Wertfühlen	- geringes Engagement
- übergroßes Sicherheitsbedürfnis	- Entscheidungsunfähigkeit
- Selbstunsicherheit	- situative Überforderung
- verminderte Wertsicherheit	- Passivierung der Person
	- nicht authentische Wertehierachie
	- Fehlorientierung
	- Orientierungsdissoziation
	- Kompetenzunsicherheit

Tab. 6: *Fehlhaltungen, die sich an den Subskalen F und V der Existenzskala abbilden*

Ergebnisse des Gesamtkollektivs:

Sie sehen aus der Tabelle 4, daß die Mittelwerte-Werte der Selbstdistanzierung, Selbsttranszendenz, Freiheit und Verantwortung deutlich unter denen einer klinischen Gruppe und einer getesteten Normalpopulation lagen. Dementsprechend auch das P-Maß, das E-Maß und der Gesamtsummenscore.

Geschlechtsspezifische Ergebnisse:

Sie sehen in dieser Tabelle Abbildung 3, daß unsere männlichen Patienten in den 3 Subskalen Selbstdistanzierung, Selbsttranszendenz und Freiheit einen deutlich niedrigeren MW von etwa 4-5 aufwiesen. Nur im Verantwortungsbereich war der MW der Männer zwar nicht signifikant, aber doch um ca. 2,5 höher. Dementsprechend verhalten sich auch das P- und E-Maß und der Gesamtwert. Zusammenfassend kann gesagt werden, daß bei unseren weiblichen Patienten ihre entscheidenden noetischen Faktoren und ihr Existenzvollzug sich positiv von den Männern abheben, und daß sie ihre personalen Fähigkeiten für sinn- und wertvolle Lebensgestaltung besser einsetzen. Im Vergleich zu einer Normalpopulation sind sie jedoch noch immer deutlich reduziert.
Da die Zeit leider eine Diskussion aller Ergebnisse nicht zuläßt und das auch diesen Rahmen sprengen würde, möchte ich nun noch kurz den von uns durchgeführten **reziproken existenzanalytisch-logotherapeutischen Therapieweg** vorstellen, der durch die Resultate als am erfolgsversprechendsten ausgewiesen wurde.

1. Während des Entzuges versuchen wir bereits eine tragfähige Beziehung zum Patienten herzustellen. Er soll erfahren, daß wir ihn akzeptieren, um Verständnis bemüht sind und Vertrauen in seine menschlichen Fähigkeiten haben, mögen diese auch noch so verschüttet sein. Vertrauen ist die Basis für die weitere Therapie.
2. Der Alkoholkranke soll das Gefühl bekommen, daß die Entscheidung zur Therapie von ihm ausgegangen ist, und daß es *seine Entscheidung* war. Auch er hätte ja eine andere Wahl gehabt. Dieses Aufzeigen einer Wahlmöglichkeit führt beim Patienten zu einem stärkeren Bewußtsein seiner Freiheit – worum es uns ja geht.
3. Kontinuierliche Auffrischung der *Therapie-Motivation* und der therapeutischen Arbeit an der Krankheitseinsicht.
4. Den Patienten erfahren lassen, daß er es ist, der letztendlich tagtäglich die *Entscheidung* für oder gegen den Alkohol trifft, und daß er auch künftig die Möglichkeit und Freiheit hat, zwischen Abstinenz und Trinken zu wählen, daß er es ist, der die Entscheidung trifft und nicht die Umstände.

5. Wenn der Patient sich für die Flasche entscheidet, dann ist auch er dafür *verantwortlich*. Freiheit und Verantwortlichkeit sind zwei Seiten einer Medaille.
6. Die Abstinenz ist nur ein Meilenstein zur existentiellen Neuentfaltung, die Basis für die Eröffnung von *neuen Sinn- und Wertehorizonten* in der personalen Existenz des Patienten.
7. In der *Kreativwerkstätte* sollen unsere Patienten erfahren, daß auch sie imstande sind, Schönes und Wertvolles in die Welt hinein zu schaffen.
8. *Erfolgserlebnisse* sind wesentlich für die weitere Motivation, dauerhaft abstinent zu bleiben.
9. In der *Dereflexionsphase* erfolgt eine Hinwendung zu den gesunden, stabilen Persönlichkeitsanteilen. Vor dem Hintergrund der Wirklichkeit wird mit dem Patienten versucht, sein Leben zu erhellen und nach sinnvollen Lebensaufgaben, -inhalten und -gestaltung, sowie nach Wertvollem, das es zu verwirklichen gibt, zu suchen.
10. In einem Akt der *Selbstüberwindung und Selbstüberschreitung* erreichen manche das Ziel, sich auf einen neuen Lebensinhalt, eine Aufgabe, ein neues Ziel oder auf eine menschliche Begegnung hinzuwenden und einzulassen. Da der Alkohol sehr viel Zeit und Energie gebunden hat, muß etwas eintreten, wofür es sich lohnt, abstinent zu bleiben.
11. *Rückfälle* spornen zu vermehrter Motivationsarbeit an.
12. Letztendlich ist die *Verantwortungsübernahme* für sein Gewordensein die Basis für eine Psychotherapie im engeren Sinne, die auf Auffüllung von Defiziten in der Persönlichkeits-reifung, Neuorientierung seiner Person und Veränderung der Haltung und Einstellung zum Leben ausgerichtet ist. Kurzum soll die verloren gegangene „Gehfähigkeit" wieder erreicht werden.

Anschrift des Verfassers:

Dr. Michael Rainer
Mollardgasse 2/3
A-1060 Wien

Definition, Diagnostik und Behandlung von alkoholbedingten Problemen

Christopher S. E. Wurm

Rausch, Alkoholabhängigkeit und der ständige übermäßige Konsum von Alkohol können jeweils zu Problemen führen. Hier werfen wir einen Blick auf die körperlichen, psychologischen und sozialen Komplikationen dieser verschiedenen Muster des Alkoholkonsums. Oft wird das Problem erst erkannt, wenn es schon ziemlich schwerwiegend ist. Manchmal sträubt sich der Patient gegen die Diagnose „Alkoholiker" und will keine Behandlung annehmen. Ist das immer nur Verleugnung, oder kann man diese Reaktion vermeiden?
Prof. W. R. Miller beschreibt die Methode des „Motivational Interviewing" als einen Weg, um die Motivation des Patienten zu erhöhen. Es gibt wichtige Ähnlichkeiten zwischen der Logotherapie und diesem neuen klinischen Ansatz aus der kognitiven Psychologie. Dr. L. R. H. Drew beschreibt ein existentielles Modell der Alkoholabhängigkeit mit dem Namen: „Way of Life Leading to Predicaments (Lebensweise die zu mißlichen Lagen führt) model".
Die Forschungsliteratur über Logotherapie und Suchtproblemen wird besprochen werden, sowie verschiedene Methoden der Behandlung, z. B. die stationäre oder ambulante Behandlung, medikamentöse Behandlung mit Alkoholsensibilisierungsmitteln wie Disulfiram, Selbsthilfegruppen debattiert. Was sind die Implikationen für die Logotherapie?

Einführung

„Drinking is the Australian man's way of crying." Henry Lawson.
„Der Mensch, der sich von einem Unglück abzulenken oder sich zu betäuben versucht, löst kein Problem, schafft ein Unglück nicht aus der Welt; was er aus der Welt schafft, ist vielmehr eine bloße Folge des Unglücks: der bloße Gefühlszustand der Unlust." (Frankl 1983, 117)

„Das Wesen des Rausches ist die Abwendung von der gegenständlichen Welt des Seins und die Zuwendung zu „zuständlichem" Erleben, zum Erleben in einer Welt des Scheins." (ebd.)
Viele Menschen suchen Glücksgefühle durch Alkohol oder Drogen, ohne darauf zu achten, daß Glück nur entsteht, wenn man ein sinnvolles Ziel erreicht hat. Sie meinen, Glück über den „Umweg der Chemie" (Frankl 1991, 19) erreichen zu können. Dabei fängt oft ein Teufelskreis an, bei dem sie nicht nur das erste Ziel verfehlen, sondern wo sie auch ihre zukünftige Sinnmöglichkeiten verfinstern und beschränken. „So kann es auch geschehen, daß die jungen Menschen, die LSD nehmen, sich damit begnügen, aus der Sinnleere auszubrechen, indem sie sich subjektive Sinngefühle verschaffen, aber an den wahren Aufgaben in der Welt vorbeigehen und vorbeileben. (Frankl 1982, 26) „It seems to me that the present increasing tendency to become addicted to tranquillizing drugs is a sign that contemporary man has been more and more seduced to a belief in the illusion that he can strive for happiness, or for peace of mind". (Frankl 1967, 41).

Alkoholbedingte Probleme:				
	körperliche	seelische	soziale	juristische
Mechanismen:				
	Rausch	Abhängigkeit	ständiger übermäßiger Konsum	

Abb. 1: *Alkoholbedingte Probleme und Mechanismen nach Thorley (1985)*

Uhl schreibt über die Vagheit und Mehrdeutigkeit des Begriffes „Alkoholismus" und zitiert 9 verschiedene Definitionen von „Alkoholismus" in der deutschsprachigen Literatur. Diese Definitionen sind nicht nur vage, sondern auch widersprüchlich. Noch schlimmer ist die Tatsache, daß viele Patienten (oder Leute, die in Behandlung sein sollten) sich nicht mit dem Wort „Alkoholiker" identifizieren, und sich weigern, über Alkoholismus zu sprechen, obwohl sie oft bereit wären, über „Probleme" mit Alkohol zu sprechen. Bei diesen Definitionen, wird auch die Möglichkeit einer Spontanremission ausgeschlossen, obwohl das Phänomen schon bekannt ist (Vaillant 1983). Es wäre lästig, wenn die diagnostischen Begriffe zu selbsterfüllenden Prophezeiungen würden. Ähnlich haben die Wörter „Mißbrauch“ und „Abusus“ bestimmte Nachteile. Mißbrauch bedeutet zweckentfremdeter Gebrauch, aber Alkohol kann verschiedenen Zwecken dienen, je nach Kultur und persönlicher Einstellung.

Indem man „Alkoholismus“ oft auch im Hinblick auf die Kultur definiert, kann es passieren, daß jemand, dessen Trinkverhalten in Italien oder Frankreich als normal gilt, in der BRD oder in Österreich als „Alkoholiker“ gilt. Natürlich würde er dann auch als „Verbrecher“ in Saudi Arabien gelten.

Obwohl die WHO (Welt Gesundheitsorganisation) das Wort „Alkoholismus“ auch in den 50er bis 70er Jahren verwendete, hat sie seit 1981 empfohlen, daß man die Wörter „alcoholism“ (Alkoholismus), „alcoholic“ (Alkoholiker) und „alcohol abuse“ (Alkoholmißbrauch) nicht mehr verwenden soll, sondern „alcohol dependence“ (Alkoholabhängigkeit) oder „hazardous use of alcohol“ (riskanter Alkoholkonsum) und „harmful use of alcohol“ (schädigender Alkoholkonsum). Alkoholbedingte Folgeschäden können auch bei Nichtabhängigen stattfinden.

Der Mensch wählt sein Verhalten nach seiner eigenen Hierarchie von Werten (die gewöhnlich während der Entwicklung des Alkoholabhängigkeitssyndroms verändert oder verdrängt werden). Dieses Phänomen heißt „*salience*“ in der originalen Beschreibung von dem Alkoholabhängigkeitssyndrom (Edwards und Gross) und „Progressive neglect of alternative pleasures or interests in favour of drinking“ in der provisorischen Definition von Alkoholabhängigkeit des ICD-10. Salience könnte man als „Bevorzugung“ oder „Vorrang“ übersetzen: man stellt das Erlangen und den Konsum von Alkohol heraus und achtet weniger auf andere Haltungen, die bisher angenehm oder wichtig waren. (Vgl. die Beschreibung „Zentrierung des Denkens und Strebens auf Alkohol“ bei Kisker et al. (1987, 8) und „Nachlassen der sozialen oder beruflichen Leistungen, bedingt durch Alkoholkonsum“ im DSM-III.)

Dimensionale Ontologie und Nosologie von alkoholbedingten Problemen

Einige meiner Bemerkungen sind scheinbar kritisch gegen den sogenannten Krankheitsbegriff („Disease concept of alcoholism“) gerichtet. Ich

sehe die Situation aber nicht so einfach. Es gibt Fälle, wo der Krankheitsbegriff große Vorteile hat, und Fälle, wo er eher mehr Nachteile hat. Es ist gut, daß die Dimensional-Ontologie uns erlaubt, die Vorteile anzunehmen, ohne all die Nachteile unbedingt im Kauf nehmen zu müssen. Der Krankheitsbegriff widerspricht der früheren Vorstellung, daß Personen, die viel trinken, nur schwach oder böse sind (Hershon). Er ermöglicht auch das Einrichten von therapeutischen Programmen mit Geld aus Versicherungen und Krankenkassen; aber wenn wir die noetische Dimension gleich erkennen, können wir Behandlung anbieten, ohne damit zu implizieren, daß der Patient keine Freiheit hat.
Der Krankheitsbegriff und das medizinische Modell („Medical Model") sind verwandt, aber nicht gleich. Man kann Aspekte des medizinischem Modells anwenden, ohne zu behaupten, daß das Verhalten des Patienten völlig determiniert sei und daß er selbst nichts dafür könnte. Ein Beispiel wäre die Anwendung von Vitaminen, besonders Thiamin (Vitamin B 1) als Vorbeugung gegen die Wernicke Encephalopathie. Das Verschreiben von Disulfiram (Antabus) oder Cyanamid (Colme-Tropfen) als Alkoholsensibilisierungsmittel könnte teils als verhaltenstherapeutische und teils als medizinische Strategie dargestellt sein. Hier ist es eigentlich wichtig, auch die soziale Dimension anzuwenden, weil der Gatte des Patienten sichern kann, daß der Patient das Mittel nimmt, und dadurch selbst beruhigt werden kann. Noch ein Beispiel von der medikamentösen Behandlung bei Alkoholabhängigkeit wäre das Verschreiben von einem Antidepressivum im Falle einer endogenen Depression, die zu einer sekundären Alkoholabhängigkeit führt. Die ärztliche Behandlung ist kein Widerspruch für eine existentielle Orientierung, wenn man merkt, daß die Medikamente nur auf die Körperliche Dimension gehen.

Das Modell „Lebensweise, die zu mißlichen Lagen führt" von Drew

Drew (1986) beschreibt ein alternatives Modell, das die besten Elemente des medizinischem Modells enthält, und darüber hinaus die noetische Dimension, d. h. Freiheit und Verantwortung miteinbezieht. „The maintenance of balance between ways of life depends, to a large extent, on individuals exercising surveillance over their ways of life and imposing disciplines upon themselves (self-governance). This is often done, largely uncon-

sciously, but at times individuals must refer to their own sets of principles and allocate their priorities, in terms of ways of life to be pursued and emphasised, accordingly. This is an important life task."
Weiter schreibt Drew, daß der süchtige Mensch sein Verhalten nicht dadurch entschuldigen können soll, daß er eine „Krankheit" habe, oder wegen Deprivation oder irgendetwas anderen. Eine traurige Kindheit, Armut, Verluste sind alles Aspekte des Schicksals, die doch wichtige Einflüsse sind, aber trotzdem hat der Patient selbst die primäre Verantwortung für alle Änderungen seiner Lage. Hier ist der Frankls Freiheitsbegriff sehr wichtig. „Die Freiheit des Menschen ist selbstverständlich nicht eine Freiheit von Bedingungen, sei es biologischen, sei es psychologischen oder soziologischen; sie ist überhaupt nicht eine Freiheit von etwas, sondern eine Freiheit zu etwas, nämlich die Freiheit zu einer Stellungnahme gegenüber all den Bedingungen." (Frankl 1983, 3) Alkoholabhängigkeit ist ein Verhaltensmuster, das zu Krankheiten und Verletzungen führt und auch zu einer Beschränkung der Freiheit, aber nicht zu einem totalen Verlust der Freiheit. Primarius Dr. Reinhard Haller schreibt „Die Krankenrolle bringt dem Alkoholiker eine Entlastung, impliziert aber gleichzeitig, mit der Krankheit verantwortungsvoll umzugehen, sie zu erkennen und zu akzeptieren, kompetente Hilfe zu suchen und in der Therapie zu kooperieren, also aktiv an der Heilung mitzuwirken." (Haller 1990)
Wo ist die Freiheit bei der Alkoholabhängigkeit? Welche Aspekte sind biologisch bedingt? Was sind die klinischen Implikationen im Umgang mit dem individuellen Patienten? Was sagt man einem Patient, dessen Eltern beide alkoholabhängig waren? Daß er nichts dafür kann? Oder sagen wir umgekehrt aus unserer existentiellen Orientierung, daß es eine bloße Frage der persönlichen Freiheit ist, und daß wir seine Familiengeschichte und seine soziale Zuständen irrelevant finden? Was soll ich einem jungen Aborigines sagen, dessen Bekannte und Verwandte fast alle täglich bis zum Stupor trinken? Daß er seine persönliche Wahl machen soll, unabhängig von seiner Umwelt? Heute werden soziale und politische Faktoren immer mehr als fundamental erkannt in der Entwicklung dieses tragischen Musters unter einheimischen Minderheiten in vielen Ländern z.B. in Australien, Neuseeland, den USA, Kanada und Skandinavien.
Die Logotherapie muß nicht immer als alleinige Methode angewandt werden. Sie kann andere Psychotherapien gut begleiten oder ihnen folgen. Konkurrenz und Streit zwischen verschiedenen Richtungen sind nicht

nötig, wenn man versteht, daß eine Methode gut auf eine Dimension des Menschen paßt, während eine andere Methode auf einer anderen stimmen würde: beide Erklärungen können richtig sein, obwohl sie sich zu widersprechen scheinen. Dazu schreibt H. Hesse (1956, 91) in Peter Camenzind:

> Die Bewegung spaltete sich, ein paar Ehrgeizige wollten allen Ruhm für sich haben und schimpften über jeden nicht in ihrem Namen bekehrten Säufer; edle und selbstlose Mitarbeiter, an denen es nicht fehlte, wurden schnöde mißbraucht, und in Bälde hatten Näherstehende Gelegenheit zu sehen, wie auch hier unter idealer Etikette allerlei unsaubere Menschlichkeiten zum Himmel stanken.

Die noetische Dimension

Vaillant dokumentierte mehrere Fälle von „Alkoholikern", die ganz ohne spezifische Behandlung abstinent wurden, oder die 10 Jahre später problemfrei tranken. Wo eine solche Besserung der Alkoholprobleme stattfand, waren neue Verhaltensmuster eingetreten, die er als Ersatzsüchte dar stellt, z.B. eine neue Liebesbeziehung, religiöse Tätigkeit bzw. Andacht, Engagement in Sport oder Arbeit (Vaillant 1983). Er nennt diese Phänomene Formen von süchtigem Verhalten. Ich würde sie lieber als selbsttranszendente Aspekte der Besserung beschreiben, statt so eine reduktionistische Interpretation zu machen. Im gleichen Sinne schreibt Drew (1990, 207):

> Those of us who have contributed to the literature about models of drug dependence, have indulged **in irrelevances**. We have pursued an abstract scientific course rather than responding to existential needs. We have produced a psycho-bio-social model of drug dependence that excludes the essence of human existence – options, freedom to choose and the centrality of human values.

Auch Miller (1990, 261) schreibt im gleichen Sinn vom unbefriedigenden Erklärungswert rein psychologischer, biologischer und sozialer Variablen:

> At our present state of understanding, we are accounting for only a minority of variance in addictive behaviours and treatment outcomes through psychological, biological and social variables combined. That is, most of the variability in the onset, process and outcome of addictions remains unexplained at present, and we can ill afford to ignore any class of variables with potential explanatory power.

Was ist es, was Menschen bei den Anonymen Alkoholikern (AA) suchen? Manchmal wird AA kritisiert. Es sei nicht aktuell, die Wirksamkeit sei nicht wissenschaftlich bewiesen, es sei nicht flexibel genug, es sei zu eng mit dem Krankheitsbegriff verknüpft.
Auch wenn das alles stimmen würde, gäbe es verschiedene Aspekte, die doch wichtig sind und die erklären, warum soviele Menschen zuerst an AA denken, wenn jemand zuviel trinkt. Die soziale Struktur ist ein Aspekt, das Sponsorensystem ist ein anderer. Ein zentraler Aspekt ist, daß die noetische Dimension als wichtig angesehen wird. In Australien gibt es eine Tendenz, das Personal in Entziehunsgsprogrammen und Alkohol- und Drogenberatungsstellen wie AA und NA zu verspotten. Aber ich habe Angst, daß sie „das existentielle Kind mit dem Badewasser des Krankheitsbegriffs ausschütten."

Motivational Interviewing

Prof. W. R. Miller beschreibt die Methode des „Motivational Interviewing" als einen Weg, um die Motivation des Patienten zu erhöhen (Miller 1986). Es gibt wichtige Ähnlichkeiten zwischen der Logotherapie und diesem neuen klinischen Ansatz aus der kognitiven Psychologie. Miller selbst beschreibt die Methode als „existentiell" und bringt ein Zitat von Goethe, das Frankl auch in diesem Kontext gerne zitiert: „Wenn wir die Menschen so nehmen, wie sie sind, dann machen wir sie schlechter; wenn wir sie aber so nehmen, wie sie sein sollen, dann machen wir sie zu dem, was sie sein können."
Eine weitere Ähnlichkeit zwischen der Logotherapie und dem Motivational Interviewing ist, daß Frankl und Miller die sokratische Methode anwenden, Fragen zu stellen, statt dem Patient spezifische Ratschläge zu machen. „The client should be asked, what he or she anticipates would occur if drinking continued unchanged. The purpose of this question is Socratic: to elicit awareness, which is then consolidated by reflection." (Man soll den Klienten fragen, was er oder sie erwartet, im Falle unveränderten Weitertrinkens. Das Ziel dieser Frage ist sokratisch: Bewußtsein zu erzeugen, das dann durch Überlegung gefestigt wird.) (Miller 1986, 163) Trotz dieser Ähnlichkeiten mit der Logotherapie erwähnt er Frankl

in diesem Artikel nicht, und er erwähnt ihn nur vorübergehend in seinem Artikel über die geistige Dimension (Miller 1990).
Miller stellt die Motivation als zwischenmenschliches Phänomen dar, statt als rigiden Charakterzug. Ähnlich behauptet er, daß die Verleugnung nicht angeboren ist, sondern daß sie aus der Interaktion zwischen Therapeut und Klienten stammt. „... denial is not inherent in the alcoholic individual, but rather is the product of the way in which counselors have chosen to interact with problem drinkers." (Miller 1986, 150)

Grundsätzliche Themen des Motivational Interviewing

Die Betonung auf Etikettierung weglassen
Individuelle Verantwortung
Änderungen bzw. Erfolg dem Klienten zuschreiben (nicht dem Therapeuten)
Kognitive Dissonanz

Strategische Ziele

Selbstwerteinschätzung verstärken
Selbstwirksamkeit verstärken
Kognitive Dissonanz verstärken
Den Dissonanzabbau auf Verhaltensänderungen richten (statt auf Einstellungsänderungen)

6 Strategische Stufen:

1 Selbstmotivierende Aussagen erzeugen
2 Objektive Bewertung
3 Erläuterung
4 Zusammenfassung
5 Übergangsstadium (die Urteile des Patienten erzeugen und reflektieren)
6 Über die Alternativen verhandeln: (sokratischer Dialog)

Therapeutische Strategien der Logotherapie

Introspektion; die Beschäftigung mit inneren Empfindungen (Durst, Schmerzen etc.) und deterministischen Haltungen („ich kann nicht anders") mit spezifischen therapeutschen Mitteln angehen mit dem Ziel, die Fähigkeit zur Selbst-Transzendenz hervorzubringen, Werte zu klären oder den Patienten zu befähigen, Sinnmöglichkeiten ausfindig zu machen.

Logotherapeutische Fragen

Fragen über Motivation:
Was ist das Schöne am Trinken – oder: Was haben Sie vom Alkohol erwartet?
Was würde passieren, wenn Sie jetzt aufhören würden?
Was sind die weniger schönen Aspekte vom Trinken?
Was würde passieren, wenn Sie jetzt weitertrinken würden?

Fragen über Kontrolle:
Wie gut können Sie ihren Alkoholkonsum beherrschen?
Wie treffen Sie jetzt Ihre Entscheidungen darüber,was Sie machen?
Angenommen, daß es sehr schwer für Sie ist, Alkohol zu vermeiden, wie haben Sie es heute geschafft, bis jetzt nüchtern zu bleiben?
Angenommen, daß es sehr schwer für Sie ist, Alkohol zu vermeiden, wie haben Sie es heute geschafft, zu diesem Termin zu kommen?
Wenn Sie es schaffen würden, vom Alkohol los zu kommen, was wollen Sie mit Ihrem Leben machen?
Wozu?

Fragen über Bevorzugung:
Wie sind Ihre Prioritäten in letzterer Zeit gewesen?
Was für ein Mensch möchten Sie sein?
Was wäre der sinnvollste Weg, sich zu beschäftigen, wenn Sie mehr Zeit hätten?
Wie könnten Sie die Zeit nutzen, die Sie gewinnen würden, wenn Sie den Alkohol absetzten?

Könnten Sie diese Situation irgendwie anders anschauen, um etwas Positives darin zu finden, anstatt von negativen Gefühlen gelähmt zu werden?
Was erwarten Sie von Ihrem Leben?
Könnte es sein, daß das Leben etwas von Ihnen erwartet?

Logotherapie und Rückfälle

Schuldgefühle sind oft problematisch für Personen mit Alkoholabhängigkeit, vorwiegend bei Rückfall, und können selbst zu weiterem Trinken führen. Hier sind die Einstellungen und Erwartungen des Patienten als auch des Therapeuten sehr bedeutsam. Ein Nachteil des Krankheitsbegriffs ist, daß Warnungen vor Kontrollverlust beim ersten Versuch, Alkohol wieder zu probieren, selbsterfüllende Prophezeihungen werden können. Es ist wichtig, zu erkennen, daß die Mehrheit von Patienten in der BRD in den ersten vier Jahren nach einer stationären Entwöhnungsbehandlung phasenweise oder dauerhaft rückfällig wird (Körkel 1991). Schuldgefühle können belastend werden, obwohl dieses Phänomen nicht so überraschend sein soll. Körkel beschreibt einen Paradigmawechsel bezüglich des Rückfalls und empfiehlt neue Einstellungen zum Rückfall: dieser kann auch eine Chance für neue Einsichten sein, er ist nicht nur reines Versagen. Hier wäre es wichtig, daß der Patient doch seine Verantwortung für seinen Alkoholkonsum erkennt, und dann, daß er versucht, etwas Sinnvolles zu machen, statt von seinen Schuldgefühlen gelähmt zu werden. Manchmal wird es möglich sein, die Schäden wieder gut zu machen, aber oft wird es nur möglich sein, einen neuen Anfang zu machen, mit der Absicht, etwas Positives in einem anderen Bereich zu machen.

Literatur

Black W. A. M. (1991) An existential approach to self-control in the addictive behaviours. In: Heather N., Miller W. R., Greeley J. (Hrsg.) Self-control and the addictive behaviours. Pergamon Press, Sydney

Drew L. R. H. (1986) Beyond the disease concept of addiction. Drug use as a way of life leading to predicaments. Journal of Drug Issues 16 (2), 263-274

Drew L. R. H. (1986) Psychiatrists and drug use: implications of alternatives to the „disease" concept. Australian and New Zealand Journal of Psychiatry 20: 376-380

Edwards G., Arif A., Hodgson R. (1981) Nomenclature and classification of drug- and alcohol-related problems: A WHO Memorandum. Bulletin of the World Health Organisation 59: 225-242

Edwards G., Gross M. (1976) Alcohol dependence: provisional description of a clinical syndrome. British Medical Journal 1, 1058- 1061

Frankl V. E. (1982) Der Wille zum Sinn. Bern: Hans Huber

Frankl V. E. (1983) Ärztliche Seelsorge. Wien: Franz Deuticke

Frankl V. E. (1967) Psychotherapy and Existentialism. New York: Simon and Schuster

Froggio G. (1988) Bemerkungen zum Einsatz der Logotherapie bei der Behandlung des Alkoholismus. In Längle A. (Hrsg.) Entscheidung zum Sein. München: Piper 230-237

Haller R. (1990) „Festung der Menschlichkeit" In „Krankenhaus Stiftung Maria Ebene" Festschrift Erweiterungsbau Krankenhaus Maria Ebene. Dornbirn: Wenin OHG, 23-25

Hershon H. (1974) Alcoholism and the concept of disease. British Journal of Addiction; 69: 123-131

Hesse H. (1956) Peter Camenzind. Berlin: Deutsche Buch-Gemeinschaft, 91

Jaffe J. H. (1980) What alcoholism isn't borrowing. In Edwards G., Grant M.(Hrsg.) Alcoholism Treatment in Transition. London: Croom Helm

Kisker K. P., Lauter H., Meyer J.-E., Müller C., Strömgren E. (1987) (Hrsg.) Abhängigkeit und Sucht. Berlin Heidelberg: Springer, 8

Körkel J. (1991) Der Rückfall von Alkoholabhängigen: auf dem Wege zu einem neuen Verständnis des Rückfalls. Verhaltenstherapie und psychosoziale Praxis. 3: 321-337

Mann K. (1991) Treatment for alcohol problems: an international perspective. British Journal of Addiction 86: 850-851

Marlatt G. A. (1987) Kontrolliertes Trinken: Hintergrund. Wiener Zeitschrift für Suchtforschung, Jahrgang 10, Nr 3/4 25-28

Miller W. M. (1983) Motivational Interviewing with Problem Drinkers. Behavioural Psychotherapy 11: 147-172

Miller W. R., Hester R. K. (1986) The effectiveness of alcoholism treatment methods: what research reveals. In Miller W. R., Heather N. (Hrsg.) Treating Addictive Behaviors: Processes of Change. New York: Plenum Press

Miller W. R. (1990) Spirituality: the silent dimension in addiction research. The 1990 Leonard Ball Oration. Drug and Alcohol Review 9, 259-266

Peschel H. W. (1988) Existenzanalyse des Alkoholismus und einige Hinweise für die therapeutische Praxis. In Längle A. (Hrsg.) Entscheidung zum Sein. München: Piper, 214-229

Thorley A. (1985) The limitations of the alcohol dependence syndrome in multidisciplinary service development. In Heather N., Robertson I., Davies P. (Hrsg.) Alcohol misuse: crucial issues in dependence, treatment and prevention. London: Croom Helm

Uhl A. (1983) Die Probleme mit der Vagheit und Mehrdeutigkeit des Begriffes „Alkoholismus". In Mader R. (Hrsg.) Alkohol- und Drogenabhängigkeit: Neue Ergebnisse aus Theorie und Praxis. Wien: Brüder Hollinek, 211-225

Vaillant E. G. (1983) The Natural History of Alcoholism. Harvard University Press, Cambridge MA

Anschrift des Verfassers:

Christopher S. E. Wurm MB BS
Chatham House
124 Stephen Terrace
Gilberton SA 508, Australien

Der suchtkranke (abhängige) Mensch aus der Sicht der Existenzanalyse und Logotherapie

Elisabeth Guth

Das Suchtverständnis in Psychologie und Psychotherapie – ein Exkurs

Das Wort Sucht „... erscheint als Zeichen für eine lebendige Wesenheit" (Grimm 1985, 866) „... ein geistiger zustand oder eine geistige eigenschaft nicht mehr als seiendes (als Substanz), sondern als bewegendes (als Tendenz) ... das seine Sinnerfüllung nun nicht mehr in sich selber findet, sondern auf ein bewegungsziel weist" (Grimm, 887). Durch diese volksethymologische Veränderung des Wortes Sucht, das seine Wurzel in den Begriffen „Seuche" und „siechen" hatte, wird die Zielbewegung im Sinne eines Triebes verstärkt und nähert sich damit dem Verb suchen an, dessen Bedeutung es ursprünglich (sprachgeschichtlich) nicht hatte.
Auf den Sinnzusammenhang zwischen Sucht und Suchen weist u.a. auch Heckmann (1987, 1069) hin, indem er von einer „Doppeltheit von *Suchen* und *Fliehen*" , die in jeder Sucht zu finden ist, spricht. Je länger die Sucht dauert, desto stärker wird das Element des Fliehens. Das Wovor und Wozu des Fliehens sowie die Motivation und das Was des Suchens werden im weiteren näher zu beleuchten sein.
Dörner und Plog (1986, 245) sehen in der Sucht eine grundsätzlich menschliche Sehn-Sucht nach Selbstfindung einerseits und dem Wunsch „... die Grenzen unseres alltäglichen, erlaubten Lebens (zu) sprengen" andererseits. Die Negation von Konflikten, Schmerz oder Leid im alltäglichen Leben verweist auf mangelnde Frustrationstoleranz und Leidensfähigkeit sowie auf die Vorstellung, daß alles machbar sei (Fromm 1976). Auch Längle (1996) sieht hinter jeder Sucht eine Leidvermeidung und die „... Einstellung zum Leid, die dieses als nur wertlos ansieht, und nicht als Durchgangspassage zu neuem Leben kennt".

Hinter jeder Sucht steht nach Matussek (1972, 114) eine „... süchtige Haltung als neurotische Fehlhaltung“, die ihrerseits aber nicht zwingend zu einer Suchtmanifestation führen muß. Matussek führt die süchtige Haltung auf die Nicht-Akzeptanz einer nicht nährenden Welt zurück. Dieser „süchtige Weltbezug“ ist gekennzeichnet durch das ständige Suchen nach Nahrung (im weitesten Sinne), wobei es vordergründig um den Versuch geht, seine Befindlichkeit zu verändern (endlich satt zu werden) und erst sekundär um eine eventuelle Eigenwirkung eines Mittels.
Bochnik (1980, 98) definiert Sucht als „selbstschädigendes Verhalten infolge Bedürfnisexpansion“, d. h. zum einen wird eine inadäquate bzw. destruktive Form der Bedürfnisbefriedigung gewählt, zum anderen scheint der Süchtige Schwierigkeiten zu haben, Triebverzicht zu leisten oder konstruktive Triebregulationen einzusetzen. Diese Suchtdefinition deutet darauf hin, daß der Süchtige dem Druck seiner Bedürfnisse, einem inneren Zwang unterliegt und er diesem nichts entgegenzustellen vermag. Er erlebt sich als ausgeliefert und unfrei infolge eines Müssens statt eines Wollens. Im Vergleich zum Zwangsneurotiker hingegen erlebt der Süchtige seinen Zwangsimpuls als etwas ihm wesensmäßig Inhärentes und – zumindest vordergründig – Sinnvolles (vgl. Matussek 1972). Es entsteht ein Übermaß an Interesse und Zuwendung zum jeweiligen Suchtmittel, der Versuch den Zwangsimpuls als freien Willensakt umzudefinieren, sowie Rechtfertigungen für das Verhalten. Die Gedanken kreisen eingeengt um das Mittel der „Scheinbefriedigung“, bei gleichzeitiger Vernachlässigung sonstiger Lebens-Notwendigkeiten und -Möglichkeiten.
Auch Wanke (1985, 20) definiert Sucht als „... ein unabweisbares Verlangen nach einem bestimmten Erlebniszustand. Diesem Verlangen werden die Kräfte des Verstandes untergeordnet. Es beeinträchtigt die freie Entfaltung einer Persönlichkeit und zerstört die sozialen Bindungen und die sozialen Chancen eines Individuums.“

Das Suchtverständnis aus psychoanalytischer Sicht

Die psychoanalytische Theorie nach Freud geht von der Annahme aus, daß es sich bei der süchtigen Fehlhaltung eines Menschen um ein Lust-Unlust-Prinzip handle. Unlust wird durch Spannung, Lust durch Entspannung hervorgerufen.

Freud betrachtete die Sucht einerseits als Form der Onanie bzw. als Ersatz für mangelnden Sexualgenuß; andererseits sah er sie als Manie und Flucht vor der Realität. Sein triebtheoretischer Ansatz geht weiters davon aus, daß es sich bei der Sucht um eine Regression auf die orale Phase handelt, wodurch es zu einer autoerotischen Befriedigung kommt. Durch Frustrationen und Verwöhnungen bezüglich der Nahrungsaufnahme im ersten Lebensjahr entstehen dann, je nach Entwicklung von Abwehrmechanismen, depressive Strukturen oder Suchtneigungen (vgl. Strotzka 1972). Mit Verwöhnung ist im psychoanalytischem Sinne keine ausschließlich materielle, sondern eine „Liebesüberschüttung" gemeint, welche zu einer übermäßigen Eltern-Kind-Symbiose führt, aus der sich der Heranwachsende nicht lösen kann. Dadurch ist eine erste Abhängigkeit gegeben (vgl. Schütte 1988). Da ein überfürsorgliches Verhalten, psychoanalytisch gesehen, Ausdruck für eine unbewußte Ablehnung, die verdeckt werden soll, ist, wird verstehbar, daß sowohl durch Frustration, als auch durch Verwöhnung eine innere Leere und Sehnsucht nach tatsächlicher Liebe und Anerkennung entsteht.

Balint (1970) sieht in der Sucht eine Sehnsucht nach Mutterliebe und Harmonie, die sich besonders in Konfliktsituationen manifestiert.

Im Vergleich zu neurotischen Störungen, in denen libidinöse Konflikte abgewehrt werden, identifiziert sich bei der Sucht das Ich mit den Ansprüchen des Es (vgl. Matussek 1972).

Die neueren psychoanalytischen Suchttheorien basieren mehr auf Ich-psychologischen Aspekten bzw. auf der Selbst-Psychologie.

Mentzos (1986, 238) sieht die Sucht als „narzißtische Ersatzbefriedigung und als Kompensation eines strukturellen Mangels." Kernberg (1983, 29) betrachtet die Süchte als schwere Charakterstörung, „bei denen es chronisch immer wieder zu Impulsdurchbrüchen mit Befriedigung von Triebbedürfnissen kommt und zwar mit der Besonderheit, daß diese Art von Triebbefriedigung außerhalb der triebhaften Episoden ich-dyston, während dieser Episoden aber ich-synton und sogar hochgradig lustvoll erlebt wird." Diese episodenhaften Schwankungen weisen auf die Paralellität des manisch-depressiven Krankheitsbildes, in welchem die depressiven Phasen u.a. auch durch die Scham über das Verhalten während der manischen Phasen aufrechterhalten werden.

Kohut (1976) siedelt die Sucht zwischen einer Neurose und der Borderline-Sörung an. Die Libido wird – durch Mangel an positiver Spiegelung

der Mutter – immer wieder von dieser abgezogen und dem eigenen Ich zugeführt, wodurch es zu keiner ausreichenden Ablösung und Differenzierung zwischen Objekt- und Ich-Libido kommt. Innerhalb dieser frühen Störung kann das Kind konträre Introjekte („Gute“ und „Böse“) nicht miteinander verbinden, was zu Spaltungsprozessen, der daraus resultierenden Ich-Schwäche und mangelnder Impulskontrolle führt.
Durch diese nicht gelungene Synthese von „Gut“ und „Böse“ kann nach Kernberg (1983) auch die Aggression nicht neutralisiert werden, wodurch es zu autoaggressiven Tendenzen kommt, die in jeder Sucht zu finden sind. Weiters bleiben durch diese Nicht-Integration die reifen Funktionen der Persönlichkeit verarmt, da die Energie an alte Strukturen gebunden bleibt. Während der Süchtige mit einer depressiven Persönlichkeitsstruktur offenbar das Suchtmittel benutzt, um das als verloren empfundene und verurteilende Elternimago wiederzugewinnen und sich auszusöhnen, geht es dem vorwiegend narzißtisch Gestörten um das „Auftanken“ seines Größen-Selbst, welches er als Schutz gegenüber einer frustrierenden und nicht nährenden Umwelt dringend benötigt (vgl. Kernberg 1983, 255f.).
Zusammenfassend lassen sich die neueren psychoanalytischen Theorien am besten mit einem Zitat von Strotzka (1973, 33) wiedergeben: „Bei süchtigen Patienten fallen narzißtische und libidinöse Befriedigungen zusammen.“ Einerseits werden Bedürfnisse befriedigt (wenn auch nur augenblickshaft), andererseits werden depressive Stimmungen, Selbstabwertungstendenzen und Schuldgefühle abgewehrt.

Das Suchtverständnis in existenziellem Licht

Das Streben nach einem angenehmen Zustand aber ist der Versuch, einen Effekt, der sich durch die Hingabe an einen Wert von selbst einstellt, direkt herbeizuführen. Der Süchtige ist ein von Triebhaftem Getriebener statt einem von Werten Angezogener. Wenn der höchste Wert des Menschen in der Erhaltung des eigenen Wohlbefindens liegt, er also die „zuständliche Seite des Daseins“ (Gebsattel 1954) überbetont, wenn er nur nach Selbstverwirklichung im Sinne eines narzißtischen Hochgefühls strebt, so vernachlässigt er damit die Zuwendung und Auseinanderset-

zung mit der Welt, durch die er allein dem Kreislauf der Trieb- und Bedürfnisbefriedigungssucht entkommen könnte.
Während die psychoanalytischen Theorien davon ausgehen, daß das süchtige Verhalten eines Menschen durch das Streben nach Lust bedingt sei, spricht Jaspers (1960) von einer „abnormen Unerträglichkeit" und meint damit die subjektive Wahrnehmung bzw. das individuelle Erleben einer Situation, deren Bewertung und Verarbeitung. Verfolgen wir den Gedanken Jaspers weiter, daß die Sucht ein Versuch sei, die Unerträglichkeit eines Erlebens aufzuheben, so führt uns dies wieder zu der Annahme, daß ein Unlustgefühl durch Verhaltensweisen, die Lust versprechen, aufgehoben werden soll. Wenn Unlusterleben durch Zufuhr von Lust jedoch nur eine kurzfristige (Schein-)Lösung erfährt und eben jenen Suchtzirkel in Gang zu setzen vermag, so zeigt sich, daß das Streben nach Lust an sich schon als pathologisches Verhalten in Richtung Suchtentwicklung zu bezeichnen ist.

Suchtentstehung aus logotherapeutischer Sicht

Die süchtige Fehlhaltung entspricht somit der von Frankl beschriebenen neurotischen Motivation, des „Willens zur Lust", die erst dann entsteht, wenn der „Wille zum Sinn" frustriert wurde (vgl. Frankl 1979, 101 f.). Nach Frankl strebt der Mensch eben nicht nach Lust, sondern primär nach Sinn. Lust, von ihrem Wesen her, ist nicht anstrebbar und nicht nicht auf direktem Weg zu wollen. Sie stellt sich vielmehr durch die Verwirklichung von Werten und Sinnmöglichkeiten von selbst ein. „Lust ist Sache des Effekts, aber nicht Sache einer Intention; sie läßt sich nur „effektuieren", aber nicht intendieren. Ja, es ist sogar so, daß sie gerade dort, wo sie intendiert wird, immer auch schon verfehlt wird" (Frankl 1975, 178). Der Genußsüchtige ist gerade der, der am wenigsten imstande ist zu genießen.
Das reine Luststreben führt in eine Sinnentleerung, in eine abgründige Langeweile und letztlich in ein „existenzielles Vakuum", an welchem der Mensch verzweifelt. Wenn der Mensch sein Leben als sinnlos und leer erlebt, keine Werte mehr sieht, die zu verwirklichen sich lohnen, oder keinen Weg mehr findet, sie zu verwirklichen, so befindet er sich tatsächlich in einer unerträglichen Situation. Die Unerträglichkeit des Daseins und

die Unlustgefühle aber sind Folgeerscheinungen, deren Beseitigung auf der Erlebensebene noch keine Ursachenbehebung darstellt. Die neurotische „Verkehrung von Folge in Absicht" (Frankl 1975, 179) – eine Kritik an der Psychoanalyse – gilt in hohem Maße für den Süchtigen.
Kern (1986, 263) untersuchte die Wertvorstellungen von 104 alkohol- und medikamentenabhängigen Patienten einer Langzeittherapiestation. Es ergab *sich folgende Werthierarchie:„der Wunsch nach Sinn im Leben, nach Entwicklung (auch mitmenschlicher Beziehungen) und nach Selbstachtung"*
Da der Suchtkranke sein Leben aber häufig als sinnlos, getrieben (versus sich entwickelnd) erlebt und sich selbst immer wieder verachtet, wird die hohe Suizidrate – 8 bis 75mal höher als bei der übrigen Bevölkerung (vgl. Feuerlein 1975) – verstehbar. Auch Meyer (1987, 104) vertritt die Auffassung, daß abhängige Menschen im Suchtmittel einen Ersatz „... für eine sinnentleert empfundene Lebenssituation" suchen.
Frankl (1975) meint, daß der Mensch in der heutigen Zeit weniger an sexueller Frustration (Freud) oder an Minderwertigkeitsgefühlen (Adler) leidet, sondern vielmehr existenziell frustriert ist, da ihm vielfach der Lebenssinn, das Wozu des Lebens fehlt. Ein Ziel vor Augen zu haben und es anzustreben bedeutet, sich in einem Spannungsfeld zwischen Ist- und Soll-Zustand zu befinden. Frankl (1975) weist darauf hin, daß der Mensch einerseits Spannung braucht und sie sucht, andererseits aber in der heutigen Zeit immer weniger fähig ist, emotionale Spannung auszuhalten – im Sinne von mangelnder Leidensfähigkeit.
Wie auch die Streßforschung (u.a. Mitterauer und Harrer 1983) zeigt, haben wir zwischen „Eustreß" und „Distreß" zu unterscheiden. Während ersterer lebenserhaltend und lustvoll wirken kann, die Vigilanz und damit die Leistungsfähigkeit erhöht (die auch nötig ist, um Ziele und Werte zu verwirklichen), wirkt der „Distreß" leistungshemmend und wird als Unlustgefühl wahrgenommen.

Sucht in existenzanalytischem Kontext

Existenzanalytisch deutet die übergroße, innere Spannung und Leere auf einen äußerst unsicheren Grundwert, d.h., der Süchtige ist sich nicht sicher, ob er leben mag; er hat keinen oder zuwenig Grund, um zum Leben

„Ja" zu sagen. In und durch seine Sucht bringt er das Nein zu sich und zu seinem Leben in destruktiver Form zum Ausdruck. Dies ist auch der Grund, weshalb der Süchtige nicht oder sehr spät Hilfe von außen (Entzug, Therapie) in Anspruch nimmt – es fehlt ihm das Wozu. Dies ist weiters ein Grund, warum der Süchtige an einer notorischen Wertarmut leidet. Sein natürliches Werterleben scheint blockiert zu sein, da sein Grundwert verstellt ist (Längle 1996).
Weiters zeigt der Süchtige in seiner Selbstverleugnung, seinen Leidvermeidungsstrategien und seiner Tendenz zu „müssen", statt zu „wollen" – also im Freiheitsverlust – einen geringen Selbstwert. Er ist sich nicht sicher, ob er so sein darf, wie er im Grunde ist. Das, was er ist, ist durch seinen geringen Grundwert zumeist sehr unsicher, ängstlich, traurig, einsam oder wütend. Wenn all diese Gefühle nicht sein dürfen, kommt es zu einer Verleugnung im Sinne eines „anders sein müssen als es ist" und dies führt zu einem apersonalen Verhalten, welches wiederum die Sehn-Sucht nach Selbstfindung bedingt.

Zusammenfassend zeigt sich das Leiden des suchtkranken Menschen aus existenzanalytischer Sicht folgendermaßen:
- Unsicherer Grundwert (Gefühle der Leere und Spannung)
- Geringer Selbstwert (Freiheitsverlust und Selbstverleugnung)
- Wertemangel
- Sinnverlust
- Die zuständliche Seite des Lebens, der Wille zur Lust wird überbetont
- Beeinträchtigung der noetischen Ebene
- Kompromißbildung zwischen Wunsch und Abwehr (suchen und fliehen)

Literatur

Balint M. (1970) Therapeutische Aspekte der Regression. Stuttgart: Klett

Bochnik N. J. (1980) Depravation – Ausdruck und Folgen. In W. Keup (Hrsg.), Folgen der Sucht, 83-99

Dörner K., Plog, U. (1986) Irren ist menschlich. Bonn: Psychiatrie Verlag

Duden (1963). Ethymologie. Duden Band 7. Mannheim: Duden

Feuerlein W. (1975) Alkoholismus – Mißbrauch und Abhängigkeit. Stuttgart: Thieme

Freud S. (1966) Gesammelte Werke. Frankfurt/M.: Fischer

Frankl V. E. (1975) Der leidende Mensch. Bern: Huber

Frankl V. E. (1979) Der Mensch vor der Frage nach dem Sinn. München: Piper

Fromm E. (1976) Haben oder Sein. Stuttgart: DTV

Gebsattel V. E. (1954) Prolegomena einer medizinischen Anthropologie. Berlin

Grimm J. u. W. (1985) Deutsches Wörterbuch. Leipzig: Hirzel

Heckmann W. (1987) Sucht. In S. Grubitzsch (Hrsg.), Psychologische Grundbegriffe. Reinbeck: Rowohlt

Jaspers K. (1959). Allgemeine Psychopathologie. Berlin: Springer

Kern P. (1986) Meinem Leben einen Sinn geben. Suchtgefahren, 32, 254-268

Kernberg O. F. (1983) Borderline-Störungen und pathologischer Narzißmus. Frankfurt/M.: Suhrkamp

Kohut H. (1976) Narzißmus. Frankfurt/M.: Suhrkamp

Längle A. (1996) Das Ja zum Leben finden. Existenzanalyse und Logotherapie in der Suchtkrankenhilfe. In W. Heckmann (Hrsg.) Suchtkrankenhilfe. Beltz-Verlag (in Druck)

Matussek P. (1972) Süchtige Fehlhaltungen. In Grundzüge der Neurosenlehre 1, Wien,116-138

Mentzos S. (1986) Neurotische Konfliktverarbeitung. München: Kindler

Meyer G. (1987) Die stimulierende Wirkung des Glückspiels. Suchtgefahren, 33, 102-109

Mitterauer B., Harrer, G. (1983) Vom Eustress zum Distress. Psycho, 9, 649-662

Schütte F. (1988) Theorien zur Erklärung der Spielsucht. In Ch. Wahl (Hrsg.), Spielsucht. Hamburg: Neuland

Strotzka H. (1972) Einführung in die Sozialpsychiatrie. Reinbeck: Rowohlt

Strotzka H. (1973) Neurose, Charakter, soziale Umwelt. München: Kindler

Wanke K. (1985) Normal-abhängig-süchtig. Zur Klärung des Suchtbegriffs. In Deutsche Hauptstelle gegen die Suchtgefahren (Hrsg.), Süchtiges Verhalten. Hamm, 11-22

Anschrift der Verfasserin:

Mag. Elisabeth Guth
Glaserstraße 5
A-5026 Salzburg

Was sucht der Süchtige?
Beweggründe und Ursachen aus existenzanalytischer Sicht

Alfried Längle, Christian Probst

Sucht, Mißbrauch und Abhängigkeit – Beschreibung, Definition, Erleben

Sucht ist Krankheit, bedeutet „Siechtum“. Anthropologisch gesehen kommt es in der Sucht zur „Entthronung der Person“. Das subjektive Erleben ist geprägt von Abhängigkeit. Die Herrschaft über sich selbst geht ganz oder zeitweise von einer andern Macht aus. Der Mensch erlebt sich dominiert von einer totalitären Macht, die das Ich besetzt. Ein „Schattenich“, eine ferne, oft sogar als fremd empfundene Macht übernimmt die Führung. – Wie kann das geschehen?
Liegt es am Reiz des Gegenstandes, von dem soviel Mächtigkeit ausgeht? Oder geschieht der „Staatsstreich“ aufgrund der Schwäche im eigenen Lager? – Oder gehört beides zusammen, wie der Schlüssel zum Schloß, wie die Nacht zum Tag?

Statt von Sucht wird heute von **Abhängigkeit** bzw. von **(Substanz-)Mißbrauch** gesprochen (WHO, DSM III, ICD 10). Die *Abhängigkeit* hat als Hauptsymptome (in Anlehnung an DSM III-R, 214 f.):
- den unwiderstehlichen Drang zum Stoff
- Dosissteigerung mit Toleranzzunahme bzw. -abnahme
- Craving: Aufwendung von viel Zeit und Aufmerksamkeit für die Substanzbeschaffung
- Entzugssymptome

Der *Mißbrauch* von Substanzen (DSM III-R) besteht im fortgesetzten Gebrauch der Substanz trotz Wissens um die Schädlichkeit, ohne andere psychische oder somatische Symptomatik. Beispiele dafür sind Alkohol am Steuer, kontrollierter Gebrauch von Suchtgiften z. B. nur am Wochenende, viele Formen des Rauchens.

Der Mißbrauch ist daher geprägt von zwei Elementen: Es besteht eine kognitive Dissonanz zwischen Handlung und Einschätzung („Handeln wider besseres Wissen“) und eine emotionale Spannung zwischen Verlangen und Abwehr (Abwertung). Der vielversprechenden Macht wird durch den Gebrauch des Sucht-Mittels ein Tribut bezahlt, um ihr (scheinbar) zu entkommen.

Der Unterschied zwischen körperlicher, psychischer und gemischter Abhängigkeit soll hier nur erwähnt werden. Die WHO hat neun Gruppen von Substanzen definiert, die zu unterschiedlichen Formen körperlicher Abhängigkeit führen (vgl. z.B. Frank 1993, 105). Körperliche Abhängigkeit kann für diese Substanzen (z.B. Heroin) auch erzeugt werden durch unwissentliche Einnahme des Stoffes. Dagegen bleibt die psychische Abhängigkeit ein relativ unscharfer Begriff. Er ist jedenfalls dadurch gekennzeichnet, daß das Lustverlangen durch einen Stoff oder ein Mittel befriedigt werden kann und bei Fehlen des Stoffes ein Mißbehagen entsteht.

Erlebnisbezogen ist die Sucht – nämlich sowohl die Abhängigkeit als auch der fortgesetzte Mißbrauch – durch zwei Elemente charakterisiert:

1. Durch das Erleben einer **Anziehungskraft,** der nicht widerstanden werden kann. Das Objekt (z.B. der Alkohol, das Spiel) erhält einen imperativen Charakter: Sucht als das Erleben einer **fremden Macht.**
2. Durch das **Defiziterleben.** Es ist doppelt gepolt: Das subjektive Erleben eines Mangels an Widerstandskraft und das objektbezogene Erleben eines Mangels, wenn der Suchtgegenstand längere Zeit fehlt. Es entsteht die Angst, daß dem Leben substantielle Qualität verlorengehen könnte. Dies führt zu einer zwanghaften Wiederholung der Suchthandlung: Sucht als das Erleben einer inneren Macht, die die Person von innen her entthront – Sucht als **Ohnmachterleben.**

Wenn die Sucht nur von außen durch die Substanz entstünde, dann bliebe der Mensch integrer Herrscher über sein Verhalten. Wenn der Mensch aber selbst das Gefühl bekommt, ohne den Suchtgegenstand verliere sein Leben an erheblicher Qualität, dann ist „der Feind“ schon in den eigenen Reihen. Die Abgrenzung vom Suchtgegenstand wird zum Kampf zwischen zwei Fronten, gegen die Faszination des Reizes und vor allem gegen sich selbst. Aber von welchem Standort aus soll die Sucht denn bekämpft werden, wenn dem Menschen die emotionale Basis entzogen ist und er das Gefühl hat, ohne Suchtobjekt an Lebensqualität zu verlieren? So entsteht das Ohnmachtserleben hinsichtlich der Lebensführung und eigen-

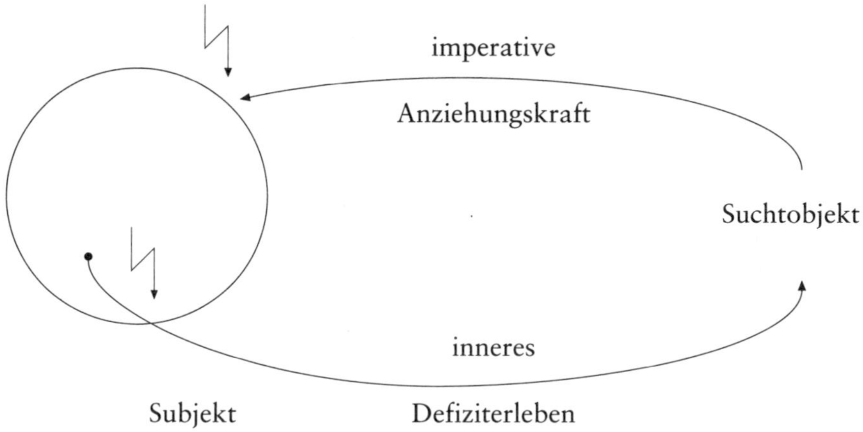

Abb. 1: *Der erlebnisbezogene Vorgang, der zur „Entthronung der Person" und ihrer „Besetzung" durch die Sucht führt.*

verantwortlichen Gestaltung aufgrund einer inneren Mächtigkeit, die das Gefüge des Menschseins außer Rand bringt.

Ich möchte für die Sucht daher folgende **Definition** im Hinblick auf die psychotherapeutische Arbeit geben:

> *Sucht ist das gleichzeitige Erleben einer imperativen Anziehungskraft eines Objekts und eines ohnmächtigen subjektiven Defiziterlebens mit ausgeprägt treibendem Charakter.*

Formalgenetische Voraussetzung der Suchtentstehung

Bezogen auf die existenzanalytische Theorie können wir v. Gebsattel folgend (zitiert nach Nissen 1994, 15) zwischen einer *apersonalen* und einer *personalen Dimension der Sucht* unterscheiden. V. Gebsattel bezieht die apersonale Dimension der Sucht auf die biologische Ursachenkette, während er die personale Dimension in der Struktur des Verhaltens und Erlebens sieht. Beiden Dimensionen würde ich noch einige weitere Inhalte hinzufügen. Entsprechend dem dreidimensionalen Modell der Franklschen Anthropologie sind der *somatischen Ebene* die biologischen Ursachenketten der Sucht zuzuordnen. Hierher gehören auch prädisponierende genetische Faktoren, wie sie z.B. bei der Alkoholsucht nachgewiesen wurden (Fritze 1994, 26). Auf der *psychischen Ebene* sind Konditionierungen, Automatismen, Triebspannungen, Lust und Unlustgefühle, Stimmungslagen u.ä. angesiedelt. Auf der *personalen Ebene* wirken Einstellungen, Lebenshaltungen, Überzeugungen, Entscheidungen, Verzweiflung und der Umgang mit Verantwortung entscheidend mit.

Die formale Ursache der Suchtentstehung ist polykausal anzusehen. Wir finden keine stichhaltigen Anhaltspunkte für die Suchtpersönlichkeit (vgl. Ladewig 1973). Auch Zutt (1963, 24) spricht davon, daß „Süchtigkeit eine Gefahr *des* Menschen ist und nicht einiger weniger Willensschwacher“.

Ganz allgemein kann bei der Suchtentstehung von einer Interaktion von Individuum, Gesellschaft/Kultur und Stoff/Mittel ausgegangen werden:

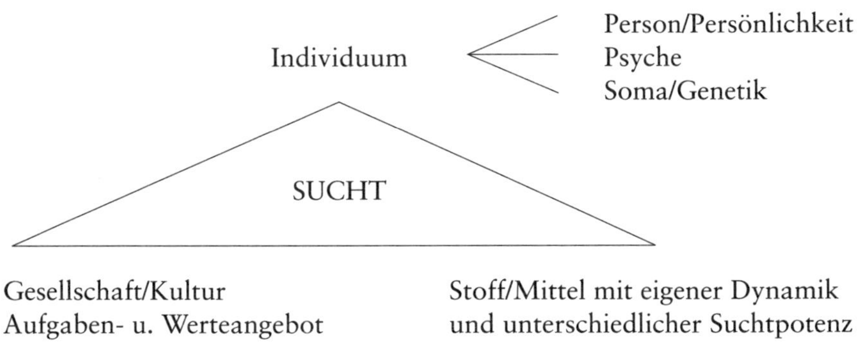

Abb. 2: *Suchtentstehung formalgenetisch betrachtet: Sucht als Interaktion dreier Konstituenten.*

Das Leiden an der Sucht hat unter existenzanalytischen Gesichtspunkten vor allem zwei Hauptsymptome, die im folgenden näher behandelt werden: den Verlust der Freiheit bei einem Überhandnehmen des Getriebenseins (Vermeidung von Unlust/Problemen und Suchen von Lust/Entspannung) und die Entwicklung eines apersonalen Verhaltens: „Der Süchtige kennt keinen Partner“ (Gabriel 1962, 38). Der Süchtige geht sich selbst in seinem Wesen verloren, und es gehen ihm die Werte verloren.

Dynamische Ursache der Suchtentwicklung

V. Gebsattel (1954) sah als Voraussetzung für die Suchtentstehung die unerträgliche Leere an, die von einem Menschen Besitz ergreifen kann. Das erinnert an Frankls (1986, 80ff.; 1991, 183f.) Hypothese, daß das existentielle Vakuum der spezifische Boden sei, auf dem die Sucht greifen kann. V. Gebsattel geht noch weiter und sieht als Motor der Suchtentwicklung den Impuls der Selbstzerstörung, der in jedem Menschen angelegt sei. In seiner Verzweiflung, die letztlich eine religiöse sei, fraternisiere er sich mit dem Abgrund. Das Problem des Süchtigen liege jedoch darin, daß dieser Mensch gar nicht wisse, daß er verzweifelt sei.

Hier scheint mir, daß sich v. Gebsattel in der Annahme einer autodestruktiven Kraft der Selbstzerstörung weitgehend an die psychodynamische Theorie von Freud angelehnt hat. Dies stellt uns daher vor die Frage, ob es wirklich eine autodestruktive, autonome Kraft im Menschen gibt, die in ihm angelegt ist, und wenn es sie gibt, ob sie in der Sucht der treibende Motor sei? Schauen wir zu diesem Zweck noch einmal genauer auf das Erleben der Sucht und auf die im Suchterleben enthaltene Intentionalität: Wonach strebt der Mensch in seinem süchtigen Verhalten?

Der erste Punkt, auf den wir bei dieser Betrachtung Bezug nehmen, ist das eigenartige Oszillieren im Erleben von Ichhaftigkeit und Fremdheit der Verhaltenskontrolle.

Der Nichtsüchtige erlebt suchtähnliche Strebungen als etwas eindeutig Fremdes, das das Ich bedroht. Er erlebt z. B. den Zeitaufwand als Unfreiheit und als unverhältnismäßigen Aufwand an Kraft. Zugleich spürt er, daß er das eigentlich nicht will; er sieht obendrein die Gefahr, die mit der Mächtigkeit des Suchtobjektes verbunden ist. Daher beginnt er sich durch klare Entscheidungen und zielführende Prophylaxe zu schützen. Wer die Spielsucht in sich schon spürt, aber den Weg in die Sucht nicht weitergehen will, trifft dann die Entscheidung gegen das Spiel und zerstört beispielsweise die Spielkassette.

Anders verhält es sich beim Süchtigen. Wenn das Suchtverlangen steigt, weiß er nicht mehr eindeutig, was er selbst will und was Fremdes in ihm ist, das das Suchtverhalten auslöst. Er erlebt sich in seinem Streben als Ich und zugleich als fremd. Die Grenzziehung zwischen Eigenem und Anderem geht verloren; das Fremde hat sich soweit in das Ich hineingeschoben, daß es bis zur Unkenntlichkeit mit ihm vermischt ist. Die Spielsucht bei-

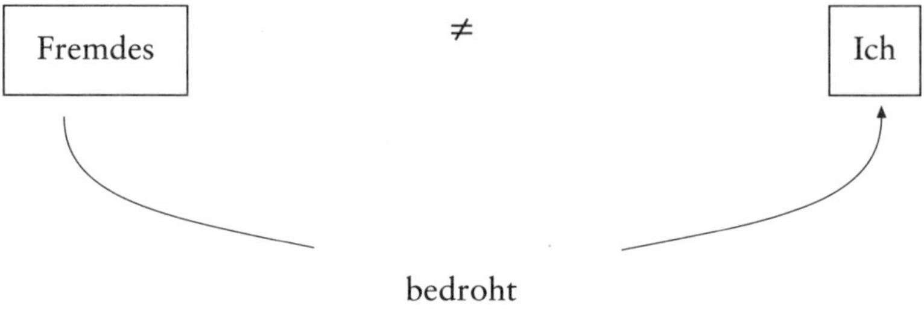

Abb. 3: *Wie der Nichtsüchtige Suchtpotentiale erlebt.*

spielsweise beherrscht die Emotion und Kognition des Süchtigen so stark, daß er nicht mehr immer unterscheiden kann zwischen eigenem Wollen und Getriebensein: er „will" spielen und gleichzeitig „muß" er spielen.

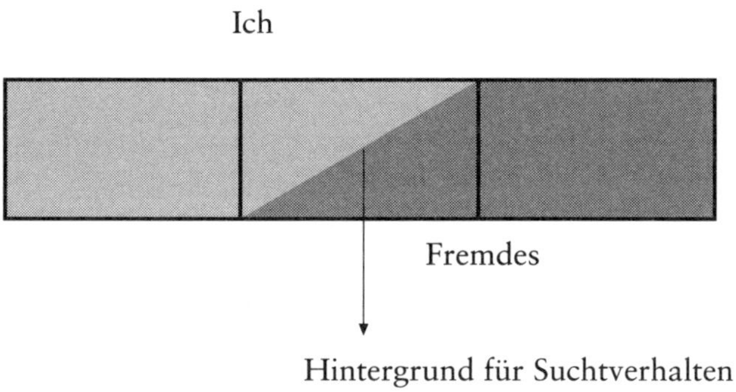

Abb. 4: *Vermischung von Ichhaftigkeit und Fremdem im Erleben und in der Verhaltenskontrolle beim Süchtigen.*

Die entscheidende Frage ist nun, warum sich das Fremde beim Süchtigen mit dem Ichhaften so stark vermischen kann? Der Grund dafür ist darin zu suchen, daß das Fremde bzw. Suchtobjekt einen Zugewinn an erstrebenswerten Inhalten verspricht wie Entspannung, Mut, Lebensfreude u. ä. Daß ein solches vielversprechendes Gefühl aufkommen kann, hängt in der Regel mit einer Basisspannung zusammen, die der Grund für das Angehen einer süchtigen Entwicklung ist. V. Gebsattel und Frankl sprechen von *innerer Leere*, die der Sucht vorausgeht. Sie stellt ein typisches existentielles Mangelerleben dar, das sowohl eine Spannung erzeugt als auch nach Inhalten suchen läßt. Dennoch bedarf dieses Konzept der inneren Leere nach unserer Beobachtung der Erweiterung durch die spezifische Dynamaik der *Psychopathologie*. Demnach geht die Sucht nicht nur durch die Spannung aus der Leere (existentielles Vakuum) an, sondern natürlich auch durch Spannungen aus einem neurotischen Konflikt oder einer Persönlichkeitsstörung oder dem Basiserleben in einer Psychose.

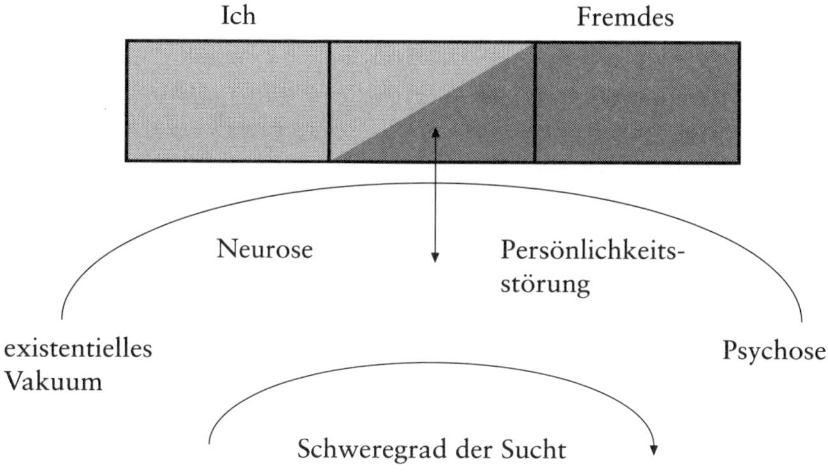

Abb. 5: *Die Wechselwirkung zwischen Suchterleben und psychopathologischer Basis, die den Schweregrad der Sucht maßgeblich bestimmt.*

Dabei dürfte der Schweregrad der Sucht – soweit er nicht von der spezifischen Stoffwirkung abhängt – vom existentiellen Vakuum über die Neurose zur Persönlichkeitsstörung (und vielleicht bis zur Psychose?) zunehmen. Man könnte das graphisch so darstellen:

Je schwerer die Grundstörung, desto weiter greift das Erleben des Fremden in das Ichhafte hinein und desto weniger Widerstand kann gegen die Sucht aufgebracht werden.
Nach dieser Theorie ist zu erwarten, daß die Wahrscheinlichkeit (Häufigkeit) süchtigen Verhaltens und der Schweregrad ihrer Ausprägung bei blandem existentiellem Vakuum am geringsten ist, bei Neurosen stärker

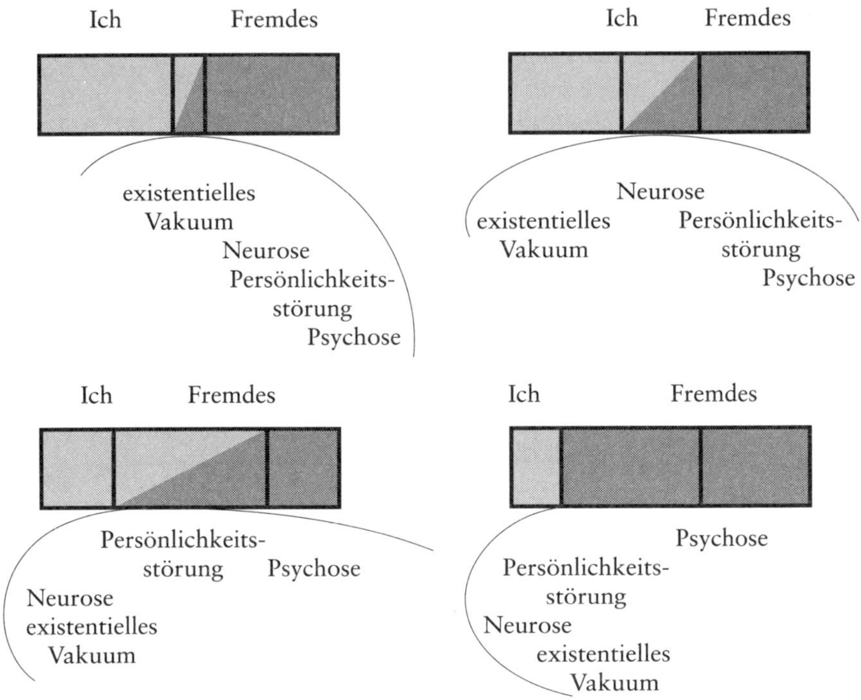

Abb. 6: *Die Suchtanfälligkeit der Persönlichkeit als Folge der Wechselwirkung mit der hier zugrundeliegenden Psychopathologie. Der Schweregrad der Psychopathologie ist durch eine zunehmend gestreckter verlaufende Kurve versinnbildlicht (sie könnte vielleicht die Form einer Evolute haben).*

wird, bei Persönlichkeitsstörungen stark und bei Psychosen geradezu wahrscheinlich wird. Entsprechende Untersuchungen über die Comorbidität von psychiatrischen Erkrankungen mit Süchten (für einen Überblick vgl. Schwab 1994) zeigten: „Die Tatsache einer psychiatrischen Erkrankung irgendwann im Leben verdoppelt das Risiko für eine Alkoholkrankheit und vervierfacht das Risiko für anderen Drogenmißbrauch.“ (ebd. 44) Dies wurde an über 20.000 Erwachsenen in der „Epidemiologic Catchment Area Program“ Studie von Regier et al. (1990) erhoben. In derselben Studie fanden sich folgende Comorbiditäts-Prozentsätze (Häufigkeit des gleichzeitigen Auftretens von Süchten und spezifischen psychischen Störungen):

- Phobien: 23 %
- Angststörungen: 24 %

- affektive Psychosen: 32 %
- Schizophrenien: 47 %
- bipolare Psychosen: 60 %

- antisoziale Persönlichkeitsstörungen: 84 %

Es zeigt sich deutlich eine Zunahme der Suchttendenz von Neurosen über Psychosen zur antisozialen Persönlichkeitsstörung (leider sind keine anderen Persönlichkeitsstörungen erwähnt). Dieses Ergebnis entspricht grundsätzlich unserer Theorie. Es unterscheidet sich nur insofern, als Psychosen weniger häufig mit Süchten einhergehen (30-60 %) als die antisoziale Persönlichkeitsstörung (80 %). Das wirft mehrere Fragen auf: ist die antisoziale Persönlichkeitsstörung spezifisch anfällig für Sucht (z.B. durch Isolation, soziale Unzugänglichkeit)? Ist dasselbe Ergebnis für andere Persönlichkeitsstörungen zu erwarten? Oder sind Persönlichkeitsstörungen „schwerere", d.h. die Persönlichkeitsstruktur tiefer destruierende Störungen als die Psychosen, so daß in unserer Theorie die Reihenfolge umgedreht gehörte? -
Grundsätzlich ist zu bedenken, daß eine einfache Messung der Suchtanfälligkeit, die das Schema nahelegt, aufgrund weiterer Einflußvariablen nicht möglich ist. Denn es zählt ja nicht nur die Tiefe der Persönlichkeitsschicht, die durch das Störbild erreicht wird (existentielles Vakuum – oberflächlich, Psychose – tief), sondern auch die Intensität des Störbildes (z.B. leichte Neurose, schwere Neurose), soziale Einflüsse, Erziehungsstrukturen, Lernverhalten, Sinnhaftigkeit der Lebensbezüge etc. Die Suchtbereitschaft des Individuums kann daher nur als ein latentes Konstrukt angesehen werden. Latente Konstrukte lassen sich bekanntlich nur indirekt messen.

Herrscht das Eigene oder das Fremde in der Sucht?

Betrachten wir das in der Sucht erlebte Wechselspiel zwischen Fremdem und Eigenem noch etwas näher. Je mehr das Suchtverlangen anwächst, desto mehr gerät der Mensch in den Bann und Sog seiner Kraft und immer weniger stellt sich das Ich gegen das Verlangen. Ist die Sucht mit ihrer ganzen Mächtigkeit da, so erlebt der Süchtige sein Verhalten als ichhaft. Er will und verlangt mit allen Fasern die Befriedigung der Sucht.

Nach der Befriedigung der Sucht erwacht das „andere Ich". Entlassen aus dem Bann der Sucht und in der wiedergewonnenen Distanz, die eine Betrachtung des Geschehenen zuläßt, stellt sich das deutliche Empfinden ein: „Nicht ich selbst habe das gewollt, es ist ein anderer, der das will. – Das bin nicht ich selber".

Im „nachhinein" hat der Mensch das Gefühl, als ob das eigene Ich gefesselt oder gelähmt gewesen wäre. Jetzt, da die Sucht befriedigt ist, ist er wieder im vollen Besitz des eigenen Gespürs, und im wieder geweiteten Bewußtsein erfaßt den Menschen Schuld und Scham für die eigene Tat und nicht selten Ekel vor sich selbst. Es ist das eigentümliche Erleben, das im Suchtgeschehen erfahrbar ist: **daß der Süchtige Täter und Opfer zugleich ist.** Vor und während der Sucht erlebt sich der Süchtige als Täter, nach ihrer Befriedigung als Opfer. Vielleicht ist es in manchen Fällen kein wirkliches Einwilligen, sondern mehr ein Sich-mitreißen-Lassen, während es in anderen Fällen sehr wohl zu einer ausgeprägten Willensstrebung kommt, die sich mit der apersonalen Sucht zusammenschließt. Die eigene Verantwortung aber bleibt dem Süchtigen, auch wenn er sie vor oder während des Suchtgeschehens nicht aufgreift. „Dieser Andere in mir denkt nicht über die Konsequenzen nach", er schaut nicht auf die Folgen und Auswirkungen, stellt ein Süchtiger fest. Die Sucht ist **apersonal,** sie kennt kein Du, sieht nicht den anderen, sieht nicht das Gemeinsame, kennt auch nicht mehr das personale (= begegnende, weltoffene) Ich, sieht nur das eigene, verlangende Binnen-Ich – und gewinnt dadurch an Mächtigkeit in ihrem ungehemmten Vorstoßen. Die Sucht kennt weder Vorsicht noch Rücksicht, sondern nur ein Ziel: die Befriedigung. – Ist diese erlangt, erlöscht die monopolare, zielfixierte Ausrichtung, und der Mensch wird wieder frei für sich und die Welt.

Nun sieht er wieder die Verantwortung, sieht die Zerstörung im wiedererlangten Weltbezug. Dieser ging ihm verloren in der schrittweisen Ausblendung und zunehmenden Konzentration auf das eigene Bedürfnis, das von ihm schließlich Besitz ergreift und sich seiner bemächtigt.

Ein Beispiel

Diese Bedürftigkeit kann so tief sitzen, daß die Grenze zwischen dem eigenen Wesen und dem Fremden auch im „nüchternen" Zustand verschwimmt. Ein Beispiel soll es deutlich machen. Ein 50jähriger Mann, der seit seiner Jugend die höchste sexuelle Lust im Exhibitionismus gefunden hatte und dafür schon mehrmals vor Gericht stand, schildert das Aufkommen der Sucht so, als ob „ein Schalter" in ihm umgelegt würde und aus dem „Mister A ein Mister B" würde. Er selbst sei beides, der öffentliche und sozial akzeptierte Mister A und der heimliche und sozial geächtete und auch vor ihm selbst nicht sehr angesehene Mister B, auf den er aber nicht verzichten möchte, weil er eine so starke Kraft darstelle. Wir konnten in den (verordneten) 17 Sitzungen nicht klären, ob er in der Anlage beides sei, der Mister A und der Mister B, oder nur der Mister A. Es war bis zum Ende der Therapie nicht klar geworden, ob der Patient nicht Wesentliches von sich aufgeben würde, wenn er nicht mehr Mister B, der Exhibitionist, sein könnte, den er vom Kopf her zwar ablehnte, aber vom Gefühl her brauchte und aufsuchte.

Als wir in der Therapie bei dem Versuch angelangt waren, sich mehr Zeit zu nehmen für die Frage, wer er eigentlich sein möchte und daß Mister B vielleicht vor dem Mister A nicht zu verstecken sei, sondern daß gerade zu ihm auch Beziehung aufzunehmen sei, um dem „versteckten Ich" Luft zu verschaffen, kam es zu einer neuerlichen Gerichtsverhandlung wegen einer älteren Anzeige und diesmal zu einer Gefängnisstrafe. Ich vermute, daß es Mister A und nicht Mister B war, der dann die Therapie abbrach, weil er sich wegen dieser (ersten) Haftstrafe schämte. Oder war es Mister B, der Angst um den Verlust seiner Mächtigkeit hatte?

Fragen wir uns noch, ob Mister B und Mister A zusammengehören? Anfangs hatte ich in der Therapie das Gefühl – und so war auch die Beschreibung des Patienten -, daß Mister B ein Fremder sei, der über Mister A hereinbricht. Im Verlauf der Gespräche bekam ich immer mehr das Empfinden, daß Mister B zum Ich des Patienten gehöre. Je tiefer wir kamen, desto mehr zeigte sich Mister A als ein scheues, schüchternes Wesen, das trotz seiner Ehe zu einsam lebte. Mister B hingegen war kontaktfreudig und mutig und stark. Er steuerte die Vitalität bei, die durch Mister A gehemmt war. Diese nichtintegrierte, vitale Seite des Patienten holte sich ihr Eigenleben – so wie der Bruder des Patienten es ähnlich mache, indem er stets zwei Frauen gleichzeitig habe, die nichts voneinander wußten. Sein Bruder könne auch nicht anders, nur sei das sozial akzeptiert. Wer ist nun das wahre Ich? Mister A, der bescheiden und kontrolliert alles richtig machen will? Oder Mister B, der leben will und den es nach Lebenslust sehnt und der diese auch einholt, um sich die Lebensfreude zu erhalten?

Das Problem war das wechselseitige Nicht-zulassen-Können der beiden. Durch das Abdrängen von Mister B kam es zur Distanz und Mister B wurde zum „Fremden" (Fremd = „fern"). Da er aber doch zum Ich gehörte, bekam er eine unintegrierte, eigengesetzliche Macht, die Mister A in die Einengung und zum typischen Weltverlust in der Sucht bringen konnte.

Sucht und Person

Fassen wir zusammen:

1. In der Sucht ist der Mensch *unklar in seinem Wollen*. Er zögert, ob er in die Suchtstrebung einwilligen soll oder sich gegen sie stellen will. Er weiß und spürt eingangs noch klar, daß er nicht soll, daß es nicht richtig sei (Ebene der 3. Grundmotivation: Selbstsein vs. Fremdsein, S. 14f.), aber er mag und kann bald nicht mehr dagegen aufkommen (1. und 2. Grundmotivation werden stärker). Es kommt in der Regel vor dem Strebensmaximum zu einer erlebnismäßigen Integration des Suchtgeschehens ins Ich: Es wird als ein „Ich will es" erlebt. Nach der Befriedigung löst sich die Fixierung, und das Suchtgeschehen wird als fremdes Wollen empfunden.

Therapeutisch ist in der Klärung des eigenen Wollens ein wertvoller Zugang zum tieferen Suchtgeschehen gegeben. Denn es ist unmöglich, Abhilfe für etwas zu schaffen, das der Patient eigentlich (heimlich) doch will. Es scheint mir wichtig, darüber gemeinsam Klarheit zu bekommen und dieses Zögern des Wollens aufzudecken, um dann an die Stelle zu gehen, wo das Willens-shifting geschieht, wo das „Ich will nicht" übergeht in das „Ich will eigentlich doch". Statt sich hinfort mitreißen zu lassen, geht es nun darum, das „Ich will nicht" in entsprechende Prophylaxe umzusetzen, eventuell mit Hilfe der Willenstärkungsmethode an der Festigung der Haltung zu arbeiten. Wenn die Sucht aber zu stark wird und das „Ich will

nicht" zu verdrängen beginnt und alle bis dahin schon gelernten und eingesetzten Mittel der Selbstdistanzierung versagen, dann läge es einem existentiellen Denken nahe, das Suchtgeschehen als ein noch nicht ganz verstandener Teil des Ichs anzunehmen und mit ihm (vorerst?) zu leben.
Wie kann das gehen? – Die Idee ist die, dem Patienten mitzuteilen, wenn er wiederholt erlebt, daß er der Sucht (z.B. Rauchen) nicht wiederstehen konnte, die Sucht paradoxerweise „freiwillig" zu leben, wenn sich ihr imperativer Charakter ankündigt, aber noch bevor die Sucht über ihn herrscht. Das weitere sich Wehren gegen die Sucht würde nur zu einer Verstärkung ihrer Macht führen, so daß sie sich schließlich so stark aufstauen könnte, daß ihr nicht mehr entgangen werden kann. Das wäre aber unter existentiellen Gesichtspunkten schädlicher als das integrierende, akzeptierende Einwilligen in das Unvermeidbare. Denn durch das personale Voranschreiten kommt es nicht mehr zur Entthronung der Person und zum Erleben ihrer Entwürdigung und Selbstwertminderung. Zumindest dies kann sich der Mensch in der Sucht ersparen, wenngleich damit das Problem noch keineswegs gelöst ist. Aber immerhin ist eine personal schädliche Rückwirkung der Sucht abgefangen. Diese Vorgangsweise der personalen Willensfindung und -übung darf natürlich bei Suchtformen, die mit erheblicher Schädigung verbunden sind, nicht angewandt werden.

2. *In der Sucht ist der Mensch apersonal im Verhalten.* Der Süchtige verliert (zeitweilig) Klarheit, was das Eigene und was das Fremde in ihm ist. Es kommt das Erleben von einer fremden, totalitären Macht auf, die von ihm Besitz ergreift.
Hier geht es **therapeutisch** darum, zu klären, wer man selbst ist und woher diese fremde Macht, die plötzlich ich-haft werden kann, stammt (vgl. dieses Beispiel). Dafür ist die Akzeptanz (1. Grundmotivation) und auch Beziehungsaufnahme zum süchtigen Ich (2. Grundmotivation) notwendig. Es geht darum, den Süchtigen als darbenden Teil des eigenen Ichs zu erkennen, zu merken, wo das süchtige Ich schon lange vor der nächsten Attacke hungert und zu kurz kommt. Statt die Sucht als Schwäche abzuwerten und wegzudrängen, bedarf es des Gesprächs mit dieser Seite des Ichs und der Fühlungsaufnahme zu ihr. Es geht darum, das eigene Wesen zu finden, zu klären, wer man im Grunde ist (Selbst-Annahme), und ob sich dies mit dem deckt, wer man sein will. Negative Vorbilder werden

ausfindig gemacht, die einem gezeigt haben, wie man niemals werden wollte (oft bekämpft man damit Züge nahestehender Menschen, die man an sich selbst findet).

Das Defiziterleben der Bedürftigkeit

Ohne Not – keine Sucht. Der Süchtige erlebt sich als Bedürftiger. Er leidet nicht am Überfluß, er ruht nicht in der Ausgewogenheit zwischen geben und erhalten. Er befindet sich im vitalen Spannungsfeld eines Defizits.
Die Sucht ist geprägt von einem *Aufnehmen*, auf das der Süchtige fixiert ist. Er ist gierig, wie ein Geier (von dem sich „gierig" ableitet) sucht er nach Beute.
Was will der Süchtige aufnehmen? Was unterscheidet ihn von dem, der Hunger hat und ißt? Warum ist der Hungrige mit seinen Bedürfnissen nicht ebenso ein Süchtiger? – Der Unterschied liegt darin, daß dem Hungrigen erstens die Entscheidungsfreiheit über sein Verhalten (aber nicht über sein Hungererleben und die damit verbundenen Impulse) erhalten bleibt; er behält sein „personales Wollen". Zweitens geht es dem Hungrigen um die Nahrung, während es dem Eßsüchtigen *um das Erleben geht.* Er will nicht den Nahrungshunger stillen, sondern den *Erlebnishunger.* Die Bedürftigkeit liegt nicht in der natürlichen Sinnlichkeit und in der Befriedigung des von ihr signalisierten spezifischen Mangels, sondern sie liegt „daneben", nämlich nicht in der biologischen Notwendigkeit, sondern im psychischen Bereich. Die Sucht deckt keinen physischen Mangel auf, sondern zeigt dem Menschen seine psychische Bedürftigkeit. Diese bedient sich der physiologischen Triebregungen und pervertiert sie zu ihrem Zwecke. Ein physiologisches Hungergefühl wird durch die psychische Bedürftigkeit ungebremst zur Freßattacke. Ein Spannungszustand wird durch die psychische Bedürftigkeit uminterpretiert z. B. zu einem Hungergefühl, das dann wieder die Attacke auslöst.
Aber nicht nur die Triebregungen werden pervertiert, auch die Suchtobjekte verlieren ihren Eigenwert. Nicht, um die Speise zu schmecken, wird gegessen, sondern um ihrer *Wirkung* willen wird sie verschlungen. Alles, worauf sich eine Sucht richtet, sei es Alkohol, Drogen, Spiel, Sex, Arbeit wird dadurch zum *Stoff* degradiert. Durch die Bedürftigkeit in der Sucht verlieren die Dinge ihren Wert, ihre Qualitäten, ihren Geschmack. Der

Süchtige erlebt **nicht objektbezogen** den Charakter des Gegenstandes, z. B. die Qualität des Weines, das Gemeinsame eines Spiels, das Du in der Sexualität. Der Süchtige ist **subjektbezogen** und seine Aufmerksamkeit ist allein auf die *Wirkung* gerichtet, die der Stoff *an ihm* erzeugt. Darum legt der Alkoholiker wenig Wert auf die Qualität eines Weines, denn die Hauptsache ist sein Alkoholgehalt, und dem Sexsüchtigen sind die Objekte austauschbar, weil er einzig an seinem Erleben interessiert ist. „Die Sucht kennt keinen Partner" (Gabriel 1962, 38), kein Du. Die Sucht ist unpersönlich und beziehungslos, wertblind und weltlos. In der Sucht ist der Mensch immer einsam. Die Sucht erträgt das Persönliche nicht, weder das eigene noch das der anderen. Sie folgt Mechanismen, aber nicht Entscheidungen, Verantwortung, Gespräch, Begegnung, Austausch.

Gerade darin liegt wieder ein **therapeutisch** wertvoller Ansatz. Generell gesagt geht es in der fortgeschrittenen Suchttherapie um mehr Personalität (3. Grundmotivation). Diese kann erreicht werden durch Öffentlichmachung der dunklen Seite (im oberen Beispiel etwa: „Kann mich Mister B anrufen, wenn er kommt?"). Oder das Einführen persönlicher Entscheidungen, etwa so lange Prophylaxe gegen die Sucht zu betreiben, wie es geht, aber der Sucht nicht den imperativen Charakter zu überlassen und sich vorher für sie zu entscheiden, wie oben ausgeführt. Ebenso wichtig ist auch die Konzentration auf den Eigenwert, den die Dinge haben. Drew (1987) sieht in der Konfrontation des freien Willens und der persönlichen Verantwortung mit den Determinismen der Sucht die Zukunft der Suchtbehandlung. Ihr Erfolg hänge von der Einführung persönlicher Kräfte wie Werterleben, Freiheit, Verantwortung ab.

Der Süchtige ist einzig und allein am Erleben einer Wirkung bei sich selbst interessiert. Denn die Strahlkraft der eigenen Vitalität ist ohne Suchtmittel vergleichsweise stumpf und flach. Das ist die *Not des Süchtigen*: das Defizit im Erleben von sich selbst, genauer: der eigenen Lebenskraft, die ohne Mittel nicht in nennenswerter Weise einholbar ist. **Sucht ist Hunger nach Erleben der eigenen Vitalität, ist der ursprünglich geistige Griff nach mehr Leben,** der sich nun psychisch (und somatisch) verselbständigt hat.

Der anhaltende Mangel

Der Hunger nach dem Lebenskitzel ist durch den Stoff natürlich nicht zu stillen, weil er nicht geeignet ist, zu einem echten Selbsterleben zu führen. Der Stoff kann diesen Hunger nur beschwichtigen. Denn es geht der Sucht nicht um den Gegenstand und seinen Genuß, sondern um den Genuß seiner Wirkung. Kaum ist das Erleben abgeklungen, entsteht das Verlangen aber von neuem. Dies ist allein schon deshalb der Fall, weil es keine Erinnerung an den Genuß des Objektes gibt. Denn die Aufmerksamkeit während des Genießens war ja nicht auf das Objekt gerichtet. Darum geht die Erinnerung an das Objekt nicht einher mit einem inneren Wiedererleben, das den Genuß auf einer geistigen Ebene wiederholen läßt. So aber hat der Konsum des Suchtmittels keine nachhaltige Wirkung erhalten und verdämmert mit dem Nachlassen seiner Wirkung. In der Folge führt das typische Suchtverhalten zwangsläufig zur Wiederholung und schließlich zur *Gewöhnung* durch den wiederholten Gebrauch des Objektes.

Da die durch das Mittel erzeugte Stimulation von Lebendigkeit, Kraft und Gefühl nicht intrinsisch gewachsen ist, sondern von außen erzeugt wurde, ist der Süchtige auf das Suchtmittel angewiesen. Suchtverhalten führt daher zwangsläufig auch zur *Abhängigkeit*, weil bei Nachlassen der (Stoff-)Wirkung es zum Abflauen des Effektes kommt, der aus eigener Kraft nicht wieder reproduzierbar ist, sondern der Stimulation bedarf.

Der Süchtige will spüren, daß das Leben gut ist: daß es gut und beglückend ist, Leben in sich zu haben. Er will es auskosten und intensivnahe fühlen. Der Stimulus der Droge, der Sex, der Beziehung usw. treibt das Lebensgefühl aus dem Schattendasein in das grelle Licht intensiven Erlebens. Der Stoff gibt dem dämmrig-dösigen, abgeflachten oder entleerten Leben gleichsam die Sporen.

Der Alkohol vermag weniger dies, als vielmehr eine Leichtigkeit und Unbelastbarkeit des Lebens zu erzeugen. Die Probleme rücken vom Leib, lassen der unbeschwerten Lebenslust und Lebendigkeit Raum.

Betrachten wir die substanzgebundenen und die sinnlichen Suchtformen existenzanalytisch, so geht es bei diesen um den vitalen Ast der zweiten Grundmotivation: um das „leben mögen". Beim Glücksspiel geht es um den anderen, „objektiven Ast" der zweiten Grundmotivation. Die Faszination des Glücksspiels besteht darin, daß der Spieler in den magischen

Bann der Frage gerät: „Wie spielt das Leben mit mir?“ Eine Glückssträhne wird interpretiert als „das Leben meint es gut mit mir“. Die Pechsträhne bedeutet das Gegenteil. Mit magischer Kraft und mit Hilfe von Ritualen wird versucht, sich das Leben günstig zu stimmen, um eine liebe und gute Mutter in ihm zu haben. Dahinter steht existenzanalytisch die Frage der 2. Grundmotivation: „Ist es gut, zu leben? Was meint das Schicksal: Ist es gut, daß es mich gibt?“ Wie steht das Schicksal zu mir?

Die Störungen der Sucht liegen, existenzanalytisch betrachtet, vor allem auf der Ebene des Mangels bzw. der Unsicherheit der 2. Grundmotivation.

Therapeutisch liegt hier der Schwerpunkt auf der Ebene der zweiten Grundmotivation und ist mit der Arbeit an der Selbst-Transzendenz (Frankl), die im Suchtverhalten völlig fehlt (so daß das Werterleben ausbleibt), abzurunden. Die Grundwertebene wird durch das Aufnehmen von Nähe und Beziehung zu den Suchtobjekten, aber auch ganz generell zu anderen Objekten (Werten) mobilisiert. Es gilt herauszufinden, wo das Leben und die Vitalität zu kurz kommen, wo ein „Wertemangel“ erlebt wird. Denn der Süchtige hält sich selbst irgendwo vom Leben fern und führt ein „Zuschauerleben“. Tiefer in der 2. Grundmotivation geht es natürlich um die Frage, wodurch es – ohne Sucht – gut ist zu leben. Mit erfüllenden Werten werden Alternativen zur Sucht geschaffen. Solange die 2. Grundwertfrage extrinsisch beantwortet ist und an das Schicksal delegiert wird, besteht Abhängigkeit bzw. Abhängigkeitsgefahr. Darum ist das Arbeiten an der intensiven Beantwortung der Grundwertfrage therapeutisch von großer Bedeutung. Im übrigen wird eine existenzanalytische Suchttherapie auch die Sinnfrage aufwerfen: „Wozu Abstinenz? – Wozu leben?“ Doch bedarf diese Frage beim wenig Motivierten der vorausgehenden Bearbeitung der Grundmotivationen. Denn die pathogene Wirkung der Sinnlosigkeitserlebnisse ist auf eine innere Leere bzw. Erlebnisarmut zurückzuführen, die durch das Suchtobjekt und das Craving fast vollständig wieder ausgefüllt wird (Kriz 1992, 79 ff.).

Im Verlauf der Therapie sind dann auch das Bearbeiten spezifischer Probleme wie Unsicherheiten und Vertrauensbrüche (1. Grundmotivation), Verluste, Schuld und Trauer (2. Grundmotivation), Verletzungen, Verlassenheit und Selbstwertverluste (3. Grundmotivation) sowie existentielle Leere, Sinnlosigkeit und religiöse Probleme (4. Grundmotivation) zu besprechen.

Die Mächtigkeit der Sucht

In der Sucht spielt sich das Drama des Lebenshungers ab. Die Sucht ist die nackte Lebensgier, das unbändige Streben nach Lust und Glück und Ekstase und größter Nähe zum vitalen Lebensgefühl. Das Erfaßtwerden von dem mächtigen Lebensgefühl, das den Menschen aus der Schwere und Pein des erdgebundenen Lebens ekstatisch hinwegzutragen vermag, verdichtet sich im Rausch (vgl. Gelpke 1975, 126ff.). Das Rauscherlebnis geht der Sucht voran. *Der Rausch ist noch göttlich, die Sucht bereits teuflisch.* Schon dem Rausch geht der „Sozialgehalt" ab, weshalb er nicht zu den schützenswerten humanen Lebensweisen gehört (Täschner 1994, 55). In der Sucht aber verliert der Mensch darüber hinaus personale Kompetenzen wie Freiheit, Sinn, Verantwortung und schädigt sich (physisch, psychisch und geistig) sowie die Gemeinschaft. Es ist vielleicht nicht so sehr der Sinnmangel, der in die Sucht treibt, wie der ganz persönliche Mangel an beglückendem und erfüllendem Werterleben und Wertspüren. In der Sucht wird dieses tiefe Verlangen nach mehr Leben, das schon längst frustriert war und durch die Stimulation mit Stoffen einen überzogenen Anspruch erhalten hat, zum *Leiden an der Uneinlösbarkeit des Wunsches, das Leben zu besitzen.* Und es wird zum Leiden einer einlösbaren Forderung des Lebens, daß *das Leben vollständig gelebt werden will.* Das Leben will keine essentiellen und existentiellen Mangelsituationen unnötig erdulden, erträgt es auf die Dauer nicht, in seiner Vitalität ausgespart oder eingesperrt zu sein.

In der Sucht paart sich der Wunsch nach einem vollen Leben mit der unbändigen Kraft des vitalen, triebhaften Lebens. Durch diese Urgewalt erhält die Sucht eine vitale Mächtigkeit.

Literatur

Drews L. R. H. (1987) Beyond the Disease Concept of Addiction: Towards an Integration of the Moral and Scientific Perspectives. In Australian Drug and Alcohol Review 1987, 6, 45-48

DSM III-R (1989) Diagnostisches und Statistitsches Manual Psychischer Störungen. Weinheim: Beltz

Frank W. (1993) Psychiatrie. Neckarsulm: Jungjohann, 11°

Frankl V. (1986) Im Anfang war der Sinn. München: Piper

Frankl V. (1991) Der Wille zum Sinn. München: Piper

Fritz J. (1994) Zur Biologie der Abhängigkeit und der Sucht. In Nissen G. (Hrsg) Abhängigkeit und Sucht. Bern: Huber, 25-43

Gabriel E. (1962) Die Süchtigkeit: Psychopathologie der Süchte. Hamburg: Neuland

Gebsattel V. v. (1954) Prolegemena einer Medizinischen Anthropologie. Berlin: Springer 1954

Gelpke R. (1975) Drogen und Seelenerweiterung. München: Kindler

Hand I. (1986) Spielen – Glückspielen – Krankhaftes Spielen. In Korczak D. (Hrsg.) Die betäubte Gesellschaft. Süchte: Ursachen – Formen – Therapien. Frankfurt: Fischer 1986, Bd. 980

ICD 10 (19XX) Internationale Klassifikation psychischer Störungen. Weltgesundheitsorganisation. Bern: Huber

Kriz J. (1992) Sucht – oder: Die Person in bester Gesellschaft. In Osterhold G., Molter H. (Hrsg) Systemische Suchttherapie. Heidelberg: Asanger, 63-84

Ladewig D. (1973) Die Persönlichkeit des Drogenabhängigen. Prakt Arzt 4:554-560

Nissen G. (1994) (Hrsg) Abhängigkeit und Sucht. Prävention und Therapie. Bern: Huber

Regier D. A., Farmer M. E., Rae D. S., Locke B. Z., Keith S. J., Judd L. L., Goodwin F. K.(1990) Comorbidity of mental disorders with alcohol and other drug abuse: Results from the Epidemiologic Catchment Area (ECA) Study. JAMA 264 (19), 2511-2518

Schwab J. J.(1994) Psychodynamische Aspekte der Comorbidität von Süchtigen und psychiatrischen Erkrankungen. In Nissen G. (Hrsg.) Abhängigkeit und Sucht. Prävention und Therapie. Bern: Huber, 44-53

Täschner K. (1994) Drogen, Rausch und Sucht. Ein Aufklärungsbuch. Stuttgart: Thieme

Zutt J. (1963) Über das Wesen der Sucht nach den Erfahrungen und vom Standpunkt des Psychiaters. In Zutt J. (Hrsg). Auf dem Wege zu einer anthropologischen Psychiatrie. Gesammelte Aufsätze. Berlin: Springer

Anschrift der Verfasser:

Dr. med. Dr. phil. Alfried Längle
Eduard Sueß-Gasse 10
A-1150 Wien

Dr. med. Christian Probst
Erdbergweg 5c
A-8052 Graz

Leben in einer maßlosen Welt
Ein Beitrag zum Verständnis des „Süchtig-Seins" aus der Sicht einer Theorie der Erfahrung

Nolberto Espinosa

Ich habe meine Exposition in drei Teile gegliedert.
Teil I entspricht einer Art lauten Zurückdenkens oder Erinnerns an verschiedene Etappen meines Lebens als Philosophieprofessor. Durch dieses Erinnern vergegenwärtige ich mir meine eigene Erfahrung, auf die ich – wie es bei Euch mit Euren klinischen Erfahrungen geschieht – meine späteren Erörterungen stützen werde. Im Gang dieses Zurückdenkens zeichne ich, zwar mit wenigen Strichen, ein Bild der geistigen Situation fast eines halben Jahrhunderts unserer Geschichte hier in Europa und in Amerika. Diese Beschreibung bewegt mich zu der Frage: Was für eine Wandlung hat sich in unserem Dasein seit den 50er Jahren vollzogen?
Im zweiten, längsten und wichtigsten Teil des Referates versuche ich, eine Theorie der Erfahrung darzustellen, die mir den Horizont öffnen wird, aus dem ich ein Verständnis des „Süchtig-Seins" gewinnen kann.
Zu diesem spezifischen Verständnis komme ich im 3. Teil meines Referates.

Teil I: Der Wandel der Zeiten

Aristoteles schließt das erste Kapitel des Buches A seiner **Nikomachischen Ethik** mit den Worten (ich zitiere nach der Übertragung von Paul Gohlke, Ferdinand Schoeningh, Paderborn, 1956, die den griechischen Text treu wiedergibt): „Jeder beurteilt nur richtig, was er versteht, und dafür ist er ein brauchbarer Richter, im einzelnen also der darin Unterwiesene, schlechthin der allgemein Gebildete. Daher ist der junge Mensch für eine Vorlesung über Gesellschaftskunde nicht der geeignete Hörer, weil er unerfahren ist in den Handlungen des Lebens, um die sich aber die Untersuchungen drehen."

Diese Worte wirkten wie eine Ohrfeige auf die Teilnehmer an einem Seminar über ethisch-politische Fragen, das ich schon vor über 20 Jahre an der Philosophischen Fakultät in Mendoza geleitet hatte. Für dieses Seminar wählte ich als Grundtext die besagte Abhandlung Aristoteles und eröffnete die erste Sitzung mit dem eben erwähnten Zitat. Solcher Anfang wurde als eine von mir vorausgedachte Provokation empfunden. Damals war die Arbeit an der Universität für uns Lehrer der humanistischen Fächer richtig unangenehm. Die schöne ruhige Zeit, als die Studenten uns so aufmerksam zuhörten, uns Lehrer mit Anerkennung und Dankbarkeit akzeptierten, war leider vorbei. Ganz egal, was wir gesagt hatten oder sagen wollten, wir waren von Anfang an an der falschen Stelle. Wer waren „wir"? Nun, wir waren die ältere Generation. Die Empörung der jungen Leute war verständlich: Wie wagte ich – gerade in einem Seminar über ethisch-politische Fragen – die Meinung eines Philosophen anzubringen, dem zufolge der junge Mensch kein geeigneter Hörer für Vorlesungen über Politik war? Inakzeptabel war der Grund, den Aristoteles angeführt hatte: die Jungen seien „unerfahren" (griech. apeiros) in den Handlungen, in den Sachen des Lebens. Was meinte Aristoteles eigentlich damit? Warum ist „Erfahrung" Grundbedingung für das Verständnis von alldem, was mit Politik zu tun hat?

Die Jungen wußten natürlich, daß wir (die ältere Generation) etwas hatten, das sie nicht – noch nicht – hatten: man lebt nicht umsonst und die gelebten Jahre bringen gerade „Erfahrung", ganz egal, ob diese Erfahrung gut oder schlecht ist. Nun, der Widerstand der Jungen richtete sich damals gegen unsere Erfahrung; wir hätten kein Recht, so zu reden, weil wir „falsch" gelebt hätten und unsere Erfahrung keineswegs als ein „Muster" für sie gelten könne. In den 60er Jahren – so war es in meiner Heimat und auch in Westeuropa – fielen wir (die Älteren) unter das harte Urteil der politisierten Jugend, die nur ein Drittel ihrer Studienzeit wirklich im Studium verbracht hatte; viele hatten an den Universitäten nur „Politik gemacht".

Nun, woraus hatten diese frühreifen „Politiker" ihr politisches Wissen geschöpft? Entgegen dem Anspruch Aristoteles – man brauche „Erfahrung" – war es kein Wissen „aus der Erfahrung des Lebens", kein in einem schon gelebten Leben gegründetes Wissen. Ihr Wissen war nur eine bloße politische „Theorie", eine abstrakte, intellektualisierte, politische Konstruktion, Gedanken, deren einzige Realität in der Druckschrift der politischen Literatur, in der Wärme der Diskurse oder in den flachen Ecken der Fassaden von Häusern und Gebäuden zu spüren war, wo sich Platz für eine attraktive Parole fand.

In den Jahren des erwähnten Seminars – genau 1972 – besuchte ich zusammen mit Rektoren von verschiedenen argentinischen Universitäten auf Einladung der deutschen Bundesregierung zehn deutsche Universitäten, darunter Berlin, Bonn, Heidelberg, Frankfurt, Mainz, München, usw. In allen war das Panorama gleich, ich fand nichts Neues, die Problematik an den europäischen Hochschulen war ungefähr dieselbe wie bei uns in Argentinien bzw. überall in Lateinamerika. Man wollte eine totale Reform der Universitäten, eine Reform der Studien, der Universitätsstruktur, sogar der Verwaltung usw. Eines wurde mir auf dieser Reise ganz klar: **die Gestalt, der Geist der alten deutschen Universität**, die ich in meiner Studienzeit in Freiburg kennengelernt hatte, waren kaum noch zu spüren. Ich sage die „alte Universität" und rede von der Universität „nach dem Kriege". Die Protagonisten – Professoren und Studenten – der 50er Jahre waren Menschen, die im Krieg gekämpft und unter dem Krieg gelitten hatten und nachher für den Wiederaufbau des zerstörten Europas arbeiteten. Die Generation der 60er und 70er Jahre war in großem Maße „Konsument" der Güter – wirtschaftlicher und kultureller Güter -, die die ältere Generation fast aus dem Nichts eingebracht hatte (bei uns in Amerika war es genauso, nur unter anderen Umständen, ohne Krieg). Gerade unter diesen Konsumenten, also denen, die eine viel bessere Situation genießen durften, verbreitete sich merkwürdigerweise eine Lebenseinstellung, eine Art zu leben, eine Form mit menschlichen Problemen umzugehen, die als „kritisch" bezeichnet worden ist. Die kritische Position spiegelte sich gedanklich in der sogenannten „kritischen Theorie der Gesellschaft" wieder. Ihre Vertreter waren und sind immer noch überragende Denker, deren Bücher auf privilegiertem Platz der Schaufenster jeder Buchhandlung gestanden haben. Seit den 60er Jahren vollziehen wir im Westen eine ganz vertraute Verbindung zwischen der Bezeichnung „kritisch" und anderer Titel, wie Vernunft, Rationalismus, Theorie usw.

Nun, was will die **kritische Vernunft** wissen? Wie denkt diese Vernunft? Was versucht die sogenannte kritische Theorie der Gesellschaft? Bitte, es ist jetzt gar nicht mein Anliegen, die Bilanz eines halben Jahrhunderts abendländischer Geistesgeschichte zu ziehen, ich will nicht einmal die soziale, kulturelle Entwicklung unserer Länder beschreiben, weniger noch den Inhalt gewisser Theorien diskutieren oder den Wert der Werke und des Denkens dieser oder jener Autoren abschätzen oder ähnliches mehr.

Vielleicht habe ich nur Etappen meines eigenen Lebens in der Erinnerung zusammengebracht und meine Gedanken laut vor mir selber und vor Euch geäußert, allein mit der Absicht, eine, oder vielleicht zwei Fragen zu stellen. Vergleiche ich die Zeit, als ich Student und junger Professor war, mit der mittleren Zeit meiner Karriere in den 60er Jahren und weiter noch mit der heutigen Situation, dann frage ich: was für eine Wandlung – wenn überhaupt – hat sich in unserem Dasein vollzogen? Wie verschieden sind wir, die Menschen aus diesen drei Generationen? Was hatten die Alten, das die Jungen nicht haben oder umgekehrt?

Es liegt auf der Hand. Die heutigen Menschen „wissen“ viel mehr von der Welt und von sich selbst als die Alten, haben gründlichere und breitere wissenschaftliche Kenntnisse und verfügen über von Tag zu Tag verfeinerte technologische Mittel, von denen wir früher keine Ahnung hatten. Mehr Kenntnisse, mehr materielle Güter, neue Technologien – all das wäre immer noch die „äußere“ Seite der Wandlung. Die „innere“ Seite, also ihr Kern, liegt in einer meines Erachtens bis heute ganz unbeachteten oder nicht genug beachteten Dimension. Die Wandlung betrifft nämlich direkt die „Lebenshaltung“, d.h. die Art und Form, wie der Mensch sich zu sich selbst, den anderen, der Welt-, Natur- und Kulturwelt stellt. Wir lebten früher – das war die normale, spontane, alltägliche Position – aus einer entschieden positiven, aktiven, im alten Sinne des Wortes „praktischen“, „operativen“ Haltung heraus. Der kategorische Imperativ lautete für uns einfach: Handeln! Nicht bloß „mit dem Kopf“ leben, also die Welt nur denken, das Leben sich einbilden, bloß eine Vorstellung davon haben, wie das Leben tatsächlich ist oder sein soll, war die Devise. Dem tätigen Leben zum Schaden, aus dem Vakuum der Praxis – sicherlich um dieses Vakuum irgendwie zu beseitigen -, erhob sich eine für das Abendland früher unbekannte, nur „beschauliche“, im üblichen aber unterschätzenden Sinne „theoretische“ Haltung, nämlich die passive, bequeme Haltung des Außenseiters, desjenigen, der von außen das Leben beschreibt, die Welt beobachtet und kritisiert. Diese Lebenseinstellung hat in den letzten Jahren bei uns – vielleicht ist es genauso in Europa – in einem Maße zugenommen und sich verbreitet, daß sie sogar nicht mehr als „kritisch“ bezeichnet werden kann. Sie hat vieles von ihrer früheren

Härte, von ihrem kämpferischen Stil verloren. Sie ist eine passive, blande, schwache, labile Lebenshaltung geworden. Meine jetzigen Studenten sehen äußerlich wie früher aus – diese bärtigen, langhaarigen Burschen! –, aber sie diskutieren nicht mehr, sie gucken uns nicht mehr aggressiv an, sie hören indifferent zu, zeigen keine Emotion, als ob sie schon wüßten, was wir sagen wollten bevor wir den Mund aufmachen. Ich will unterstellen, daß sie schon alles wissen. Woher aber wissen sie schon alles? -

Bestimmt nicht aus der Erfahrung des Lebens! Der Prozeß eines bloß „eingebildeten" Wissens – eines Wissen um die Sache des Lebens – hat sich gefährlich beschleunigt. Kommen wir wieder zum Zitat der Nikomachischen Ethik des Aristoteles zurück. Wir hörten: „Der junge Mensch ist noch nicht vorbereitet für Vorlesungen über Politik, weil er unerfahren ist in den Handlungen des Lebens" (apeiros gar toon kata ta ton bion praxeoon). Die ethischen Untersuchungen drehen sich gerade um diese Handlungen, „da das Ziel der Sittenlehre" – lesen wir weiter – „nicht Erkenntnis, sondern Bestätigung ist" (to telos estin ou gnoosis alla praxis). Die Jungen der 60er Jahre leisteten Widerstand gegen unsere Erfahrung, weil sie meinten, wir hätten „falsch" gelebt. Was wir aus Erfahrung wußten, glaubten sie viel besser zu wissen, aus der Lektüre von Marx, Marcuse, Mao, Che Guevara usw. Die heutige Jugend hört Vorlesungen über politisch-ethische Fragen ungern, und ohne Lebenserfahrung, ohne Lektüre der kritischen Literatur ist sie überzeugt, schon alles zu wissen.

Gegen meine ein bißchen groben – ich hoffe nicht befremdende – Behauptungen könnte man leicht zweierlei einwenden. 1. Einwand: Erfahrung ist eine ganz intime, individuelle, personale Angelegenheit. Nur zu unrecht kann man also sagen, daß ein Mensch – noch mehr, wenn er schon 20 Jahre alt ist – keine Erfahrung habe. Jedermann hat von der Welt eine gewisse Vorstellung, je nachdem, was er gerade gelebt hat und wie er das Gelebte erlebt hat, also jeder nach seinen je eigenen Erfahrungen. Bei diesem Einwand sieht man „leben", „erleben" und „erfahren" als gleichbedeutend. Die Äquivalenz „erleben-erfahren" liefert den „psychologischen" Begriff der Erfahrung, so wie dieses Wort gewöhnlich in der Sprache der sogenannten „Introspektions- oder Erlebnispsychologie" oder auch einer bloß beschreibenden phänomenologischen Psychologie verstanden wird. Zu diesem Einwand sei gesagt: so lange man lebt, erlebt man irgendwie die Welt. Man kann jedoch leben – ex hypothesis sogar lang leben –, ohne einmal vielleicht eine Erfahrung (eine gute oder schlechte) gemacht zu haben. *Erfahrung* ist ein *Modus* oder eine *Weise des Lebens*, eine Lebensweise, ein „wie man lebt", eben ein „Erfahren". Von der „Lebenserfahrung" oder der Erfahrung des Lebens kann natürlich „aus Erfahrung" oder „erfahrungsgemäß" nur derjenige reden, der so gelebt hat, also nur „der Erfahrene".

Der 2. Einwand hat mehr Gewicht: in meiner Rede von Erfahrung ist der „alte" Begriff der Erfahrung oder die alte Idee des Lebens unterstellt, daß Erfahrung nur derjenige hat, der etwas – Dinge, andere Menschen, Geschehnisse, usw. – „mit eigenen Augen" gesehen oder seine eigenen Hände darauf gelegt hat. So haben die Menschen früher gelebt. Der Mensch hatte (er konnte nicht anders!) einen mehr „leiblichen", „sinnlichen" Umgang mit der Welt und mit sich selber. Es ist dann verständlich, warum der alte Aristoteles behauptet, in den Sachen des Lebens gehe es nicht um Erkenntnis, sondern um Bestätigung. Bestätigung (griechisch: praxis), „handeln" gibt es nicht ohne Hände! Heutzutage aber, im wissenschaftlich-technologischen Zeitalter, lebt der Mensch – auf jeden Fall im Abendlande – ganz anders. Der Umgang mit der Welt ist kein direkter, leiblicher Umgang mehr mit den Dingen und den Mitmenschen. Eigentlich dürfen wir nicht von „Umgang" reden, sondern es ist ein Zugang „vom weiten", ein indirektes, vermitteltes, weil nur logisches, denkerisches, gedachtes, vor-gedachtes, vor-ausgedachtes, programmiertes, d.h. vernunftplanmäßiges Manipulieren der Welt ohne Hände. Was wir heute „Technik" oder „Technologie" nennen, ist nämlich die neue Form der Erfahrung, die die alte, bloß leibliche, sinnliche Erfahrung (die Empirie, griechisch empeiria) rasch und in manchen Gebieten unseres Lebens vollkommen ersetzt hat.

Daß wir heute die Welt viel mehr „denken" als sie berühren, fühlen, im vollen Sinne des Wortes „hantieren", „barfuß betreten", all das stimmt. Aber der bei diesem Einwurf sogenannte „alte Begriff" der Erfahrung ist der „Begriff" der Erfahrung, demgemäß Erfahrung nicht deshalb Erfahrung ist, weil sie „leiblich", „sinnlich" ist, sondern aus anderen Gründen, besser aus dem einzigen Grund, daß der Mensch eben durch die sinnliche Erfahrung hindurch tatsächlich „erfährt", „experimentiert". Die Bestätigung der Sinnlichkeit, die Bewegung unseres ganzen Leibes als Hauptingredient der Erfahrung – im sogenannten alten Sinne des Wortes – darf nicht so verstanden werden, als ob die Menschen früher nicht hätten anders leben können, solange sie noch nicht „rational" mit dem Kopf leben lernten. Kurz gesagt: die Sinnlichkeit ist keine Grenze, keine Sperre, die dem Menschen den Weg zu einer anderen, nämlich „übersinnlichen" oder „nicht-sinnlichen" Erfahrung versperrte. Nur ein sinnliches Wesen kann und soll erfahren, wenn es als ein solches leben will. Noch kürzer: *es gibt keine Erfahrung „aus dem Logos allein"*, aus der bloßen Vernunft. Dieser zweite Einwand entkräftet nicht, sondern bestätigt meine Behauptungen – Aristoteles folgend -, daß die Studenten heute, die jungen und die nicht mehr so jungen Wissenschaftler und Technologen „unerfahren" sind in den Handlungen des Lebens. Das technologische Dasein, das Leben „aus der Technologie" als ein bloß rationaler, logischer Zugang des Menschen zur Welt ist im strengsten Sinne des Wortes keine Erfahrung, keine Lebenserfahrung. Mit dem Gesagten schließe ich den ersten Teil meiner Exposition.

Teil II: Theorie der Erfahrung

Und nun komme zum zweiten Teil, wo ich an eine gründliche Klärung des Begriffes der Erfahrung herangehen will. Die Frage „Was ist Erfahrung überhaupt?" darf nicht mehr aufgeschoben werden. Die Klärung dieses Begriffes mag so viel wie eine „Theorie der Erfahrung" gelten. Jetzt versuchen wir aber, diese Theorie nicht um ihrer selbst willen, sondern – wie der Titel meines Referates lautet – weil die Theorie der Erfahrung uns die Sicht, den begrifflichen Rahmen oder den Horizont bietet, zum Verständnis des „Süchtig-seins". Ich bevorzuge eine gründliche Klärung, aber die knappe Zeit, die zur Verfügung steht, zwingt mich, ganz punktuell mit gezählten Schritten zu arbeiten, jeweils nur das Bedeutendste des Themas heraushebend in der Hoffnung, das Unterlassene in der späteren Diskussion ans Licht zu bringen.
Bevor wir zu dieser Theorie der Erfahrung übergehen, gestatte ich mir kurz, auf die Methode meiner Darstellung hinzuweisen. Diese methodologische Vorfrage in bezug auf das Thema „Erfahrung" ist keine sekundäre, nebensächliche Angelegenheit. Was verstehe ich unter „Theorie"? „Theorie" und „Erfahrung" sind inkompatibile Begriffe, gehen auseinander. Bringt man beide Begriffe zusammen, wie es z. B. im Titel „Theorie der Erfahrung" geschieht, dann muß man sich sofort darüber im klaren

sein, daß eine „Theorie der Erfahrung" nicht wieder „Erfahrung" ist. „Theorie" bedeutete bei den Griechen – die heutige Bedeutung ist genau dieselbe – so viel wie „schauen", „beschauen", „sehen", „verstehen", „wahrnehmen", „von etwas eine Idee, eine Vorstellung, einen Begriff haben", „begreifen". „Erfahrung" aber ist überhaupt kein Schauen, sondern eben und nur Erfahren (auf deutsch sagen wir auch „ich habe erfahren" im Sinne von „hören", „Notiz nehmen", „wissen", aber dieses Wissen ist grundverschieden vom „Wissen aus der eigenen Erfahrung"). Die Inkompatibilität zwischen „Theorie" und „Erfahrung" liegt einfach darin, daß man, wenn man erfährt oder experimentiert, wenn man mitten in der Erfahrung ist, nicht gleichzeitig schauen kann. Das Sehen, Verstehen, Begreifen, Beurteilen usw. kommt später – nach der Erfahrung.
Es liegt im Wesen jeder Theorie, auch der Theorie der Erfahrung, „metaempirisch" vorzugehen. Die Theorie der Erfahrung ist eine Rede, eine Sprache (logos) „von der" oder „über die" Erfahrung. Es gibt jedoch eine direkte, unmittelbare Sprache der Erfahrung – „aus der Erfahrung" -, sie ist die „Erfahrungssprache", wodurch wir uns selber und den anderen das ans Licht bringen, ihnen mit Worten, mit Schweigen oder bloß mit einer Handbewegung das ausdrücken, was wir erfahren und wie wir es erfahren. Eine Theorie der Erfahrung setzt nicht unbedingt Erfahrung bei jenem voraus, der die Theorie macht. Ich kann die Erfahrung anderer ausnützen, von dieser Erfahrung reden und sie beurteilen. Die Theorie der Erfahrung, die ich gleich mit knappen Mitteln vorführen werde, ist eine Theorie, die in der Mitte steht zwischen einer Theorie im vollen Sinne des Wortes und einer Rede, die alles, was sie sagt, „aus der Erfahrung selbst" schöpft. Diese Theorie – halb „theoretisch" – halb „praktisch" (im alten Sinne dieser Wörter) – darf nur von einem Menschen vorgeführt werden – dem „erfahrenen" Menschen nämlich, auf lateinisch dem „expertus" oder „peritus", oder, wie wir heute sagen, dem „Kompetenten". Das gilt für die Erfahrung auf den partiellen Gebieten unseres Lebens, d.h. für die Erfahrung in bezug auf bestimmte Dinge, noch viel mehr aber wenn es um das Ganze des Lebens geht, d.h. um die Erfahrung des Lebens, der Sachen des Lebens.
Kommen wir wieder zurück zu unserem Zitat der Nikomachischen Ethik. Von dieser Theorie oder von diesem Wissen der Erfahrung, nicht bloß „von der" Erfahrung, sondern „aus der" Erfahrung redet gerade Aristoteles am Anfang des Zitates, wie wir schon gehört haben („Jeder beurteilt

nur richtig, was er versteht, und dafür ist er ein brauchbarer Richter, im einzelnen also der darin Unterwiesene, schlechthin der allgemein Gebildete."). Der Mangel an dieser Erfahrung ist der zureichende Grund dafür, warum Aristoteles meint, „der junge Mensch (o neos) sei nicht der geeignete Hörer für eine Vorlesung über Gesellschaftskunde. Diese Worte Aristoteles zeigen nicht nur, daß er vom Unterschied zwischen diesen beiden Formen der Theorie genau wußte, sondern darüber hinaus – und das ist sehr wichtig für die ethische Theorie – daß er als Mensch in der Zeit, als er seine ethische Abhandlung geschrieben hat, schon eine reiche Lebenserfahrung gesammelt hatte. Es ist sehr interessant die Bemerkung zu lesen, die Gohlke zu der Stelle der Nikomachischen Ethik macht, wo Aristoteles den jungen Hörer in der Ethik ablehnt. Für Gohlke bietet diese Stelle sogar ein Kriterium, um das Datum der Nikomachischen Ethik festzulegen. („Diese Ablehnung des jungen Hörers in der Ethik fehlt natürlich in den beiden anderen Ethikvorlesungen – d. h. in der Eudemischen und in der Großen Ethik -, die sich gerade auch hierdurch als enger zusammengehörig erweisen. Wir haben uns den Zeitraum zwischen Eudemischer Ethik und Nikomachischer Ehtik größer vorzustellen, als den zwischen Großer Ethik und Eudemischer Ethik".)
Von der Methodologie her ist eine Begrenzung beider Formen der Theorie, d. h. wie wir eine Theorie vollziehen, von Belang, weil die Form – das Wie – (nicht so sehr der Inhalt, das Wieviel) des Sehens, des Verstehens, des Beurteilens grundverschieden ist. Für die Theorie gewisser Phänomene ist die Form wichtiger als der Inhalt der Theorie. In der Theorie „von" etwas hat man dieses Etwas – das Objekt – als ein Ganzes vor dem Blick des Zuschauers. Dieses Ganze ist das, was wir „Sicht", „begrifflicher Rahmen" oder „Horizont" nennen. Der Theoretiker verfügt über dieses Ganze im voraus – „apriori" -, er weiß also schon das, was er sehen wird. Selbstverständlich sieht man das Ganze am Anfang wie verschwommen, aber es ist eine Frage der Zeit, zur vollen Klarheit des Objekts in seinen versteckteste n Ecken zu gelangen. In der Theorie „aus" – mitten aus der Sache selbst – (eine Theorie, die niemals volle Theorie ist, weil sie immer auf halbem Weg unterwegs ist) hat der Blick kein Objekt als ein Ganzes vor sich. Man weiß im voraus nicht, was man zu Gesicht bekommen wird. Anstatt Dunkelheit oder Klarheit gibt es jetzt eine ständige, anscheinend unüberwindliche Helldunkelheit, ein ständiges Zwielicht. Die Theorie „mitten aus der Sache selbst" ist kein bleibendes, verweilendes,

langsameres, sicheres Blicken auf etwas immer Anwesendes, sondern sie ist wie ein Gehen, das in einem Augenblick anfängt und im nächsten aufhört, wobei immer Neues geschieht, Unerwartetes, Überraschendes, wo es Erfolge und Scheitern gibt.

Aus dem Gesagten ist schon ganz ersichtlich, was für eine Theorie ich im Sinne habe, wenn ich von einer Theorie der Erfahrung rede. Es geht um eine Theorie „mitten aus der Erfahrung selbst", so wie es Aristoteles einmal gewollt hat. Eine Theorie der Erfahrung oder des Lebens, besser gesagt, dieser Weise des Lebens, die das experimentierende Leben ist, kann deshalb keine andere Theorie sein, weil das Objekt dieser Theorie – die Erfahrung oder das menschliche Leben – kein Objekt ist, kein Ganzes, das einmal geschlossen werden könnte und das wir weder von nah noch von weitem sehen dürften. Wenn dem so ist, dann will ich jetzt vom Titel des Referates das Wort „aus der Sicht" wegstreichen (ein Beitrag zum Verständnis des „Süchtig-seins" aus der Sicht einer Theorie der Erfahrung). Es wäre eine unverzeihliche Anmaßung von mir, wenn ich wieder sage: ich besitze eine Sicht, aus der ich das menschliche Leben – das Leben anderer, mein persönliches Leben oder der ganzen Menschheit – betrachten kann. Nur aus einer so umgrenzten Theorie kann man den Begriff der Erfahrung klären, kann man wissen, was Erfahrung überhaupt ist. Und aufgrund dieses Begriffes kann man erst verstehen, wie es überhaupt möglich ist, daß ein Mensch als Süchtiger lebt. Wir verstehen das „Süchtig-Sein" wie eine Lebensweise, die das Gegenteil des „experimentierenden Lebens" ist. Lebenserfahrung und süchtig leben sind genau Gegenbegriffe. Das Süchtig-Sein entsteht aus dem „Verzicht" der Erfahrung, aus dieser merkwürdigen Daseinsmöglichkeit, der das menschliche Leben ausgesetzt ist, nämlich einmal zu „scheitern".

Meine erste Annäherung – schon viele Jahre her – an die reiche Semantik des Wortes „Erfahrung" verdanke ich dem spanischen Philosophen J. Ortega y Gasset. Ortega schrieb einmal (in welchem Buch weiß ich nicht mehr), wir hätten leider die Ethymologie des Wortes vergessen. Auf griechisch: „empeiria", auf lateinisch: „experientia", auf deutsch: „Erfahrung" – an diesem Wort sei dasselbe zu hören: „erfahren" sagt so viel wie „fahren", „gehen", „weggehen", „ausgehen", aber es geht nicht um ein, sagen wir mal friedliches, ruhiges Fahren und Gehen im Sinne vom „Spazieren", sondern ein „Fahren" in die Weite, ins Unbekannte, ein gefährliches Fahren, also ein „Sich-aussetzen" auf mögliche Gefahren hin.

Was ich bei Ortega gefunden hatte, assozierte ich damals mit der Sprache der Existenzialisten – meinen Lehrern der 50er Jahre – Heidegger, Sartre, Marcel, Merleau-Ponty, K. Jaspers usw. Schon angefangen mit dem existenzialistischen Grundbegriff „Existentia“ war diese Assoziation naheliegend: *„Erfahren“ und „Existieren“ sind gleichbedeutend.* „Existieren“ heißt wie „Erfahren“ soviel wie „außen-sein“, „außer sich-sein“, „sich außer sich-setzen“, nicht mehr geborgen im Mutterschoß bleiben. Aber es war nicht nur der Begriff „Existenz“ Grund genug für eine Verbindung zwischen der alten und der neuen Sprache; es kamen einer nach dem anderen fast alle für uns Junge so anziehenden typischen Begriffe der Existenzphilosophie wie Wagnis, Entschlossenheit, Erschlossenheit, Disponibilität (Bereitsein), Unverborgenheit, Offensein, Freisein, Grenzsituation, Geheimnis, Chiffern, Scheitern usw.
Ich begann meine philosophische Ausbildung mit Aristoteles, Plato und Thomas v. Aquin in der Hand. Aber im Geiste der neuen Existenzphilosophie lernte ich die Alten mit anderen Augen lesen. Unser Zitat der Nikomachischen Ethik hat die Studenten der 60er Jahre so entrüstet. (Diese Entrüstung war auf die Tatsache zurückzuführen, daß die Jungen meinten, ihr Mangel an Erfahrung, aufgrund dessen sie keine Zulassung für Vorlesungen über Politik bekommen durften, sei nur ein Problem des Alters. Wäre es nur ein Problem des Alters, dann wäre Leben für die Menschen kein Problem. In unserem Zitat schreibt Aristoteles gleich unten: Jugend gibt es zweierlei – Jugend im Alter und in der „Gesinnung“ (to ethos). „Der Mangel an Erfahrung ist kein zeitlicher. Und wenn die Heutigen dies indifferent hören und nicht verstehen, so klang es für uns, die damaligen Jungen, wie ein Appell eben zur Handlung, zur Erfahrung. Wir – die Unerfahrenen – wollten aus eigener Erfahrung wissen, was das Leben ist. Erfahrung-haben war eine Jugendparole, sogar ein pädagogisches Ideal. Für Europa war Erfahrung, was Erfahrung eigentlich ist, eine Probe, eine harte, bittere Probe, die man durchstehen mußte, ohne sie gewollt zu haben.
Eine erneute Lektüre der existenzialistischen Literatur läßt uns wieder den Weg offen zum Verständnis dessen, was hier im Abendlande – von den alten Griechen bis zu Nietzsche, über Augustinus, Pascal, Leibniz, Kierkegaard – das Wort „Erfahrung“ überhaupt bedeutet. Existenzialistische Literatur ist ein umfangreicherer Begriff als Existenzphilosophie. In der Existenzphilosophie gibt es einen „existenzialistischen“ Kern; dieser

Kern ist eigentlich keine Theorie, kein ruhiges, erfreuliches Beschauen des menschlichen Lebens, der Existenz oder der Erfahrung. Bei diesem Kern spüren wir einen Geist, der sich durch die Worte zu erkennen gibt, mit denen das menschliche Leben Zeugnis von und aus seiner eigenen Erfahrung ablegt. Was das Leben sagt, ist einfach: Leben ist „experimentieren", das Leben – „wie die Menschen leben" – ist ein „experimentierendes Leben".

Schöpft die Existenzphilosophie nicht ganz nah, direkt aus ihrem existenzialistischen Kern, also nimmt sie von der Existenz, von der Lebenserfahrung einen gewissen Abstand, um die Existenz ruhig zu beschauen, zu beschreiben und zu analysieren, dann verflacht sich ihre Sprache von der Erfahrung, ihre Sprache wird dann eine Metasprache, und sie wird eine meta-empirische Theorie der Empirie, und dann verschwindet von dieser beschriebenen Erfahrung ihr wesentlicher Zug, daß sie nämlich eben nur „Erfahrung" ist, d.h. ein „Experimentieren", ein „experimentierendes" Leben.

Der höchste Exponent einer Theorie der Existenz, die der menschlichen Lebenserfahrung am nächsten bleiben wollte, ist vielleicht bis heute die so schwer zu lesende und zu verstehende „Analytik des Daseins" M. Heideggers. (Die größte Schwierigkeit in der Lektüre von „Sein und Zeit" besteht darin, daß Heidegger mit den berühmten „Bindestrichen" auch auf dem Papier, also vor den Augen des Lesers, in einer Einheit, in einer Totalität halten wollte, was in unserem Leben tatsächlich eine Einheit ist: das Leben, der Lebensweg, die Lebenserfahrung, was aber jede Analyse – sogar die phänomenologische Existenzanalyse – einteilen und irgendwie gliedern muß.)

Für mein Referat las ich wieder K. Jaspers. Die Biographie dieses großen Mannes, seine wissenschaftliche Produktion als Arzt und Philosoph bietet uns, den heutigen abendländischen Menschen, ein sehr gutes Zeugnis zum Verständnis des Erfahrungsbegriffes, zum Verstehen dessen, was es heißt, „experimentierend leben" und nur so zu leben! Ich dachte viel an Jaspers, als ich dieses Referat geschrieben habe (ich las seine „Philosophische Autobiographie" und seine autobiographischen Stücke, die im Büchlein mit dem Titel „Wille und Schicksal" gesammelt sind), nahm seine Philosophie als ein Modell einer Philosophie der Existenz und die Form, wie er von der Existenz redet, als Leitbegriff oder Richtmaß zum

Verstehen der Erfahrung, auf dessen Kontrast ich den Begriff des „Süchtig-seins“ erarbeiten will.

Was heißt „experimentierend-leben“ oder „erfahren“ eigentlich? „Erfahren“ – auf griechisch: empeirazoo, peirazoo, peiretizoo – kommt von „peiroo“; dieses Verb – wie oben gesagt – bedeutet: fahren, durchfahren, einen Weg begehen, befahren, von einem Extrem oder Ende zum anderen gehen. „Extrem“, „Ende“, „Grenze“ heißt auf griechisch: peirar, peiras. Wer sich auf den Weg setzt und wegfährt, über die Grenze geht, der hat einen Ausgang gefunden. Das „Fahren“ des „Erfahrens“ geschieht nicht um dessen selbst Willen; es hat einen Zweck, gerade einen Ausgang – ein Ende des Weges – zu finden. Hat man ein Ende erreicht, dann hat man die Fahrt beendet, fertig gemacht, den ganzen Versuch zu Ende gebracht (auf griechisch: peirainoo). Der Versuch ist erfolgreich, er hat sich gelohnt, und man ist glücklich darüber.

Was für Erwartungen haben wir an die Erfahrung? Was wollen wir von der Erfahrung wissen? Heute stellen wir uns sofort den Ausgang, das mögliche Resultat der Erfahrung vor, und wenn wir keine Vorstellung davon haben, dann fragen wir neugierig danach, weil wir davon überzeugt sind, daß wir eine Lösung für alle Probleme des Lebens finden werden – wenn heute noch nicht, dann morgen sicher. Worauf stützt sich diese Überzeugung? Sicher nicht auf die Erfahrung des Lebens. Wer sich auf den Weg des Lebens setzt, der denkt nicht – immer noch nicht. Vielleicht ist er nur überrascht, daß er schon auf dem Wege ist, weil er einmal den Mut hatte, das Fahren zu beginnen. Die Erwartungen der Alten an die Erfahrung waren ganz anders als unsere. Die erste große Frage war: Wer wagt den Anfang? War man schon auf dem Weg, dann wollte man zweitens hören, ob der kühne Mensch einen Ausweg gefunden, also Glück hatte. Und wenn man Pech hatte, wenn der Versuch scheiterte und die ganze Anstrengung umsonst war? Was dann? Man wollte drittens wissen, ob der unglückliche Mensch sich mit seinem Unglück abgefunden hatte.

„Mensch-sein“, „wie ein Mensch leben“ ist ein Sich-setzen auf den Weg des Lebens, im voraus wissend, daß das mögliche Resultat vielleicht nur das Scheitern ist. Das Sich-Setzen des Lebens ist so ein Sich-aus-Setzen den möglichen Gefahren. Das Laufen im Sinne von Erfahren ist ein „periculum“. Das Erfahren aber ist nicht deshalb ein gefährliches Leben, ein Gefahr-Laufen, weil wir mit der Alternative des Scheiterns immer rechnen

müssen, zwar mit der Hoffnung, warum nicht, einmal Glück zu haben. Erfahren ist wesentlich, also immer, ein Leben in Gefahr. Warum ist es immer gefährlich? Wo liegt denn die Gefahr? Sie liegt genau in dem Punkt, wo man das Glück, den Ausweg, das Resultat gefunden hat, also wenn man an der Grenze angelangt ist. Die Grenze, das Ende des befahrenen Weges ist gleichzeitig der Ausweg, das Ausgehen. Der Ausweg – die Lösung – ist gleichzeitig ein „eine Grenze finden" und ein „über die Grenze gehen". Erfahren ist ein gleichzeitiges „ire" und „perire".
Hat man das Gesagte fest im Auge, dann wird man gewahr, wie wichtig es ist, die Semantik zweier fast gleich klingender Wörter nicht zu verwechseln: nämlich *„erfahren" und „erleben"* (Erfahrung und Erlebnis). Diese Verwechslung ist vielleicht ein harmloser Fehler auf der Ebene der Umgangssprache. Streng wissenschaftlich gesehen aber ist der Übergang von „Erfahrung" zum „Erlebnis" und anstatt „erleben" „erfahren" zu sagen – oder umgekehrt – eigentlich eine „psychologische" Reduktion der Erfahrung. An dieser Reduktion, also wie wir von der Psychologie her von der Erfahrung oder Existenz reden, liegt die Linie, die die „psychologische" Analyse von der Analyse der Existenz oder der Erfahrung sauber trennt. Wie oben schon bemerkt, sind „erfahren" und „erleben" nicht gleichbedeutend. Es gibt ein Erlebnis der Erfahrung, und dieses Erlebnis hat man nur, wenn man „experimentierend" lebt, wenn man eben „erfährt". Das Erlebnis der Erfahrung heißt *„Anstrengung"*. Nur wer sich mal angestrengt hat, der kann langsam müde werden. Diese Anstrengung trägt die schwere Last des Fahrens im Sinne von Erfahren, weil Erfahren kein Laufen durch einen schon offenen Weg ist, sondern ein „peiretizoo", ein „peiroo", d.h. „Versuchen", „Probieren", „Prüfen", „Explorieren", „Tasten", „Betasten", „Untersuchen", auf lateinisch: „tentare", „intentare".
Der Sinn des *Versuches* ist nämlich zu schauen, ob man Glück hat, ob man einen Ausweg, eine Lösung findet. Nun, woraus besteht die Probe? Es gibt – wie man sagt – „Proben" und „Proben". Die Probe der Lebenserfahrung ist kein Versuch, keine nach drei, vier Unterrichtsstunden durchgeführte Prüfung, mit dem Zweck, eine gute Note – ein „mit Gut bestanden"! – zu bekommen. In der Probe der Lebenserfahrung wird der experimentierende Mensch selbst auf die Probe gestellt, um zu wissen, ob er die Kraft hat, die Probe durchzuhalten. Das Bestehen der Prüfung (wer die Prüfung besteht, ist der „probierte", der „geprüfte", der „erfahrene"

Mensch) liegt im Versuch selbst, in dem unermüdlichen Versuch bis zur totalen Erschöpfung. Der erfahrene Mensch ist der, der nicht in die Versuchung gefallen ist, auf das Versuchen, auf die Erfahrung zu verzichten. Ich spiele nicht mit den Worten. Auf griechisch wie auch auf lateinisch: „tentare", „versuchen" im Sinne von „probieren" oder „erfahren", und „versuchen" im Sinne von „verführen" – jemanden in die Versuchung fallen zu lassen – nennt man mit demselben Wort: peirazoo. Wir sagen gewöhnlich, es sei „menschlich", in die Versuchung zu fallen. Das ist es gerade, was der „Versucher" – der böse Geist (peirazoon) – mit uns Menschen versucht. Es ist jedoch in Wahrheit „menschlicher", nicht in die Versuchung zu fallen, sondern weiter zu „suchen", weiter zu „versuchen", im voraus wissend, daß die ganze Anstrengung vielleicht im totalen Scheitern enden wird. Auf uns Sterbliche lauert ständig die Versuchung, auf das weitere Suchen und Versuchen zu verzichten, weil wir ängstlich das Scheitern aller unserer Anstrengungen vermeiden wollen. Was wir mit Tränen und Schweiß im Leben gewonnen haben – ist das nicht gerade das Unsere, das einzige nämlich, das wir mit gutem Gewissen als recht menschlich nennen können?

Der aus der Lebenserfahrung selbst umgrenzte Begriff der Erfahrung ist „der" Begriff der Erfahrung – es gibt keinen anderen, wenn wir heute immer noch auf die ursprüngliche Bedeutung dieses Wortes achten wollen. Seit den Griechen – über das Mittelalter, über die ganze Neuzeit – ist die so verstandene Erfahrung die belebende Kraft, die die große abendländische Tradition – die wir schnell als humanistisch-christlich bezeichnen – in Bewegung gesetzt hat, und die uns heute wieder bewegt, in einem Moment unserer Geschichte, wo wir Lösungen für so viele dringende menschliche (soziale, politische, wirtschaftliche) Probleme finden müssen, als ob wir wieder am Anfang der Geschichte stehen würden.

Man könnte vielleicht einwenden, an dieser Schilderung der Erfahrung ließe ich den Aspekt des *Scheiterns* zu viel in die Augen springen. Ein Mensch, für welchen „experimentierend-leben" nur ein Kampf, ein Ringen sei, im voraus wissend, daß das Scheitern ständig vor der Tür wartet, dieser komme provokant wie ein stolzer, trotziger, anmaßender Mensch vor; noch mehr, es sehe alles so aus, als ob der Hochmütige Lust hätte, das mögliche – sichere – Scheitern vorzuschmecken. Sittlich gesehen sei diese Haltung eine Sünde; psychologisch gesehen grenze sie an die Abnormalität und Pathologie. Es mag sein. Diese Haltung, also kämpfend zu leben, zu laufen, bis zum extremen Ende Gefahr laufend, über die Grenze zu gehen und zu fallen, das war gerade, was für uns, die jungen Existenzialisten der 50er Jahre, das Leben so interessant, so anziehend und prickelnd machte.

Die Christen vergaßen nicht das Beten zu Gott: Lasse uns Herr nicht in die Versuchung fallen! Auf spanisch gibt es jedoch treffende Sprichwörter, durch welche die Weisheit des Lebens redet, nach denen die Waagschale des Betens nicht so viel nach unten gehen darf: „el hombre propone y Dios dispone" – „der Mensch denkt, Gott lenkt"; „a Dios rogando y con el mazo dando" – „schlag mit dem Hammer und bete", „arbeite und bete".

Warum betonen wir an der Erfahrung das Moment des Scheiterns? Nur deshalb, weil es ohne Scheitern überhaupt keine Erfahrung gibt. Das Scheitern ist nichts anderes als das „über die Grenze gehen" im schweren Laufen des Lebens. Wer im Suchen des Endes, der Grenze, „vor" der Grenze steht und nicht wagt, „über" die Grenze zu gehen, auszugehen, der hat den Ausweg nicht gefunden, der fährt nicht mehr, er bleibt bloß stehen. Eine Erfahrung ohne Scheitern, das habe sich nicht gelohnt, das wäre wirklich ein Unsinn. Ist es denn so, dann bleibt ein Punkt in unserer Erörterung des Erfahrungsbegriffes immer noch unberührt – wir werden ihn bloß berühren -, ohne welchen eine Theorie der Erfahrung zur Vollständigkeit nicht kommen kann. Wir sagten: „erfahren" ist ein „gehen" oder „fahren" bis zu einer Grenze oder einem Ende – to peiras. Diese Grenze ist keine Sperre, keine Barriere, sondern eigentlich eine „Öffnung", ein Ausweg, zu dem der Weg wie von selbst geführt hat. Das Griechische hat eine ganz reiche Familie von Wörtern, die zum Nennen und Bedeuten von Dingen geeignet sind, welche alle mit „fahren", „reisen", „verkehren", „durchfahren", „transportieren", „von einem Ort zum anderen gehen" usw. zu tun haben: poreion heißt Verkehrsmittel, Wagen, poreuma, Gehweg, Fahrt, Strecke, die man fährt; poreusimos ist der Ort, über den man hingehen kann, das Praktikable oder Zugängliche; poreuoo heißt durchfahren lassen, transportieren, wegfahren. Wie man sieht, alle diese Wörten behalten „to peiras", also die Grenze, das Ende, auf lateinisch „terminus"; in einer verkürzten Form klingt „to peiras" in der Präposition und Präfix: „per" an, was so viel wie „trans" oder „meta" bedeutet, und den die deutsche Sprache mit dem „er-" wiedergibt. Das Latein ist noch expressiver, insofern es dem „per" noch das „ex" hinzugefügt hat: „ex-per-ientia“. Das Fahren im Sinne von Erfahren ist ein „ire“, ein „perire“ und ein „transire“.

Eine Situation, von der man nicht weggehen konnte, also das Ausbleiben von jedem „per“, von jeder Grenze hieße für die Griechen „aporia“, „Aporie“. Ein Ganzes, ein Raum, eine Welt ohne jedes Ende, ohne jede Grenze, also „un-endlich“, „grenzen-los“, und so unzugänglich, undurchdringlich, unergündlich, inkommensurabel, unermäßlich hieß „apeiron“. Aber „apeiros“, „apeiroon“ heißt auch „ignorant“, „unwissend“, „inexpertus“, also „unerfahren“. Wie wir schon hörten, „apeiros“ nennt Aristoteles die jungen Leute, weil sie unerfahren sind in den Handlungen des Lebens.

Nun, was wir noch fragen wollten, ist das: Wie wird die Grenze gefunden? Wie kommt man zum Ausweg, zur Lösung? Wie wird die Grenze entdeckt? Wer bestimmt die Grenze, wer setzt dem Weg ein Ende? Für die Alten durfte die große Welt, die Allheit der Dinge kein „apeiron“ sein. Die Welt war ein Universum, ein Kosmos, d. h. ein geordnetes, begrenztes Ganzes. Der Urheber aber dieser Ordnung war nicht der Mensch, sondern waren die Götter, und diese Ordnung blieb den Menschen verschlossen, sie war ein Mysterium, solange der Mensch nicht den Mut hatte, den Kosmos zu durchfahren und zu ergründen. Für den Gott ist die Welt endlich; für die Menschen ist sie unendlich, grenzenlos, unermeßlich, maßlos. Am Schluß ist uns etwas sehr Wichtiges ganz klar: mitten in der unendlichen Welt muß der Mensch – er ist der einzige, der das machen kann, und er muß es machen, wenn er als Mensch leben will –, muß der Mensch enden, Grenzen finden. Der Mensch (was ich jetzt sage, trifft den tiefsten Kern des Selbstverständnisses des abendländischen Menschen) bringt der unendlichen, maßlosen Welt Enden, Grenzen, Maße. Diese Grenzen sind natürlich menschliche Grenzen, d. h. „menschengemäß“, und das heißt „erfahrungsgemäß“, weil diese Grenzen und Maße nur in der Erfahrung gesetzt werden können.

Wir hören jetzt genau wie in der Frühzeit unserer abendländischen Geschichte den Spruch des Protagoras: „homo est mensura omnium rerum“, „der Mensch ist das Maß aller Dinge“. Diese Worte übertragen den griechischen Text nicht exakt, besser sollte ich sagen: falsch. Der Spruch lautet auf griechisch: „anthropos esti metron pantoon chrematoon“. „Chremata“ oder „pragmata“ sind aber nicht alle Dinge, die Naturdinge, die Natur – die „physis“, sondern die menschlichen Dinge, also was der

Mensch handelt oder die Handlungen des Lebens, wie Aristoteles auf unserem Zitat der Nikomachischen Ethik sagt. Die „res", um die es hier geht, sind die res humanae und es ist keine Anmaßung des Protagoras, wenn er sagt: „Der Mensch sei das Maß seiner Dinge".

Für diese Dinge ist der Mensch „kompetent", der „Expertus". Er kann das nicht nur machen, d.h. er ist fähig dazu, er hat das Vermögen für diese Aufgabe, sondern er muß und soll das machen, will er wie ein wahrer Mensch leben. Überall Grenzen ziehen, Öffnungen in die Welt, Zugänge zum Ganzen des Seins offen machen und offen halten, das heißt: recht „wie ein Mensch leben", „existieren" oder „erfahren". Warum hat Plato den Protagoras korrigiert und gesagt: Nein! Es ist nicht der Mensch, sondern Gott ist das Maß aller Dinge, wenn der Spruch des Protagoras nur in einem Sinne, in dem eben erläuterten Sinne, zu lesen und zu verstehen ist?

Woher nimmt der Mensch das Maß, mit dem er die unermeßliche Welt bemißt? Wo liegt und wie groß ist dieses Maß? Das Maß liegt drinnen im Menschen selbst, es ist das Wesen des Menschen, und weil es immer draußen ist, nämlich in der Welt, so weit wie es sich auf den Weg des Lebens gesetzt hat, wurde es „Existenz" genannt. Der griechische Name für Existenz war „logos". Kommen wir zum letzten Male zu unserem Zitat der Nikomachischen Ethik zurück und lesen das Stück fertig vor. Die jungen Teilnehmer an dem erwähnten Seminar – entrüstet von der unzuträglichen Behauptung „Sie dürfen nicht in die politische Vorlesung", hörten diese letzten Zeilen, aber sie haben nicht begriffen, was Aristoteles damit meinte: „Der Mangel der Jugend an der Gesinnung – welcher kein zeitlicher Mangel ist – ist nur darin zu suchen, daß der Betreffende nach seinem Gefühl lebt und strebt (to kata pathon zen). Solche Menschen haben von der Erkenntnis nichts, sowenig wie die Unbeherrschten (tois akratesin). Für diejenigen dagegen, die ihre Neigungen (orexeis) Gründen unterordnen und danach handeln, d.h. kata ton logon handeln, bringt es vielerlei Nutzen, um diese Dinge zu wissen".

Wie groß – fragten wir – ist der logos als Maß? Das weiß der Mensch selber nicht. Ein „metron", das Enden sucht und tausend Male versucht, bis es eine Öffnung, einen Ausweg findet, durch welchen es hinausgehen kann, ist ein „endliches" Maß. Der logos ist das Wesen, das die Grenzen zieht, um über die Grenzen zu gehen hinein in die Welt. Das zeichnet das menschliche Leben aus: ein unermüdliches ire, perire und transire. Das einzige, das der experimentierende Mensch im voraus weiß (das ist keine Erkenntnis, sondern eine dunkelhelle Gewißheit), so lange er erfährt, was ihn mutig die Probe des Lebens durchhalten läßt, ist das zukünftige, unausweichliche „transire“, d. h. das Scheitern jeder und aller Erfahrungen. Wir, die Menschen als die experimentierenden Wesen, hießen früher „die Sterblichen“.

Teil III: Das Verständnis des Süchtig-Seins

Kann der Mensch anders leben als experimentierend? Ja. Diese Lebensmöglichkeit, diese Lebensweise ist das süchtige Leben. Die Theorie der Erfahrung hat uns, im letzten Kapitel, wie ich hoffe, einen ausführlich erklärten Begriff in die Hand gelegt, dessen Gegenteil genau der Begriff des „Süchtig-Seins“ ist. Im 3. Teil dieses Referates wird unsere Darstellung insofern erleichtert, als wir – wie es mit den Gegenbegriffen passiert – den Umriß eines Begriffes im Kontrast zu dem anderen leicht gewinnen können. Wir verstehen also das Süchtig-Sein als Negation des experimentierenden Lebens.

In der Folge werden wir so vorgehen: wir werden die charakteristischen Züge des Süchtig-Seins herausheben, die wie das Ausbleiben der Züge der Erfahrung zu erkennen sind. Erfahrend-leben und süchtig-leben sind jedoch keine Gegensätze – dinghafte Gegensätze – wie schwarz und weiß oder hell und dunkel oder gehobene und depressive Stimmungen. Hier stehen wir vor einem Kontrast – es handelt sich um eine Polarität – zwischen zwei menschlichen Lebens- oder Seinsmöglichkeiten, zweier Modi, Mensch zu sein. Wenn man auf der Ebene der sogenannten ontologischen Kategorien der Modalität arbeitet, dann wird man sofort gewahr, daß in einer Möglichkeit eine andere Möglichkeit versteckt bleibt, d. h. daß die Möglichkeit lauert, wartet, möglicherweise anders zu sein; einfach gesagt, eine Möglichkeit schlägt in die andere um. Zwischen den menschlichen Seinsmöglichkeiten waltet – so lange wir leben – eine unaufhörliche, von außen her nicht wahrnehmbare Schwingung.
Ist dem so, dann fragen wir: Wie, warum, wann, bei wem kann das Erfahren-Leben zum Süchtig-Leben werden? Oder, könnten wir nicht diese Fragen in die umgekehrte Richtung lenken, also wie kommt man denn

vom Süchtig-Sein zum Erfahren-Sein? Ihr wißt aus Eurer klinischen Erfahrung viel besser als ich, wie schwer es ist, von der Sucht weg zu kommen. In der Theorie ist die richtige Frage: Wie ist das Süchtig-Sein möglich aus der Erfahrung des Lebens, wenn das Süchtig-Sein ein „defizienter" Modus der Existenz oder der Erfahrung ist, ein Modus nämlich, wo der Mensch auf die Erfahrung „verzichtet". Dieser Verzicht bringt die Erfahrung zum Scheitern.

Die Antworten auf die oben gestellten Fragen mögen so lauten:

1. Das Wer: *Nur ein erfahrener Mensch ist ein möglicher Süchtiger.* Und der Unerfahrene, bleibt er aus?
Die Unerfahrung – die apeiria – ist kein defizienter Modus der Erfahrung. Diese „un" der Un-erfahrung, d.h. was der Unerfahrung fehlt, um eine Erfahrung im vollen Sinne zu sein (zu werden), kann man ruhig als ein Defizit betrachten, aber das ist das „un" oder Defizit des „Immer-noch-Nicht". Das ist der Mangel der Kinder, der jungen Leute. Der unerfahrene Mensch ist schon auf dem Weg des Lebens, er erfährt schon, er lebt in der Erfahrung, er weiß schon vieles, aber was er weiß, weiß er immer noch nicht „aus der Erfahrung". Der Mangel, der den unerfahrenen Menschen vom erfahrenen trennt, ist einer an Reife, an Bildung – an allgemeiner Bildung (im alten Sinne des Wortes). Reden wir jetzt vom erfahrenen Menschen als dem, der ein möglicher Süchtiger ist, dann ist dieser Mensch der „Erfahrene" überhaupt, der die Erfahrung bis ans Ende vollzogen hat, der Expertus in Sachen Leben, der allgemein Gebildete – o peri pan pepaideumenos. Nur wer schon genug Erfahrung hat, der kann auf die Erfahrung verzichten. Und in diesem Verzicht besteht – besser gesagt – aus diesem Verzicht entsteht gerade das Süchtig-Sein. Auf was sollten die Unerfahrenen, die Unreifen, die jungen Leute verzichten?
Wenn es so ist, wie kann man diese unzähligen und raffiniertesten Formen des Süchtig-Seins begreifen, die die heutigen Kinder und Jungen in allen westlichen Ländern leben? Meine Antwort auf diese gewichtige Frage ist folgende: Es gibt zweierlei Verzicht – den Verzicht auf das, was man wirklich „hat" oder auf das, was man vielleicht mit ein bißchen Anstrengung „haben könnte" und den Verzicht auf das, was man ruhig „glaubt", schon lange zu haben. Beide Verzichtsformen reißen den Menschen aus dem schweren Weg des Lebens, aus der wirklichen Welt – aus

der Realität – heraus und fahren ihn „nach Hause" – in die schmerzlose, friedliche, beschauliche Welt der Illusion. Die Wirkung beider Formen des Verzichts ist gleich, ihre Bedeutung aber ist anders, es kommt auf die mögliche Erfahrung oder Unerfahrenheit der Menschen an. Im Verzicht auf das, was man glaubt, schon lange zu haben, besteht das Süchtig-Sein der jungen Leute heute. Sie wollen keine Erfahrung haben, sie sind „uninteressiert", sie wissen schon alles! Ich sage, daß „in" diesem Verzicht das Süchtig-Leben der Jungen „besteht" und nicht, daß es „aus" ihm „entsteht", wie der Verzicht selbst hier schon das Süchtig-Sein ist, ein Verzicht, dessen Datum niemand weiß, für den der junge Mensch selber eigentlich nicht verantwortlich ist. Unsere Jungen werden so mit diesem Verzicht geboren, jeder junge Mensch ist selber „ein Verzicht", jeder ist ein Außenseiter, sie wollen nicht mitfahren, nicht lernen, nicht arbeiten, nicht kämpfen, so wie wir – die ältere Generation – es gemacht haben. Was für einen Sinn hat es weiter zu fahren, sich anzustrengen, wenn alle Wege schon durchgefahren sind, wenn alles schon bekannt ist, wenn man alles schon kennt?

Diese Welt, in welche unsere Kinder geboren werden – diese vertraute, helle, geheimnislose, maßlose, amorphe, vorhandene?, zuhandene?, vorgestellte?, – nein! bloß dargestellte (seit wann, weiß man nicht), süße, schmerzlose, glatte, mollige, ach ... göttliche Welt; das ist die Welt der Illusion, das ist die wissenschaftlich-technologische Welt; in dieser Welt immer zu leben ... das ist wirklich eine „Sucht". Wer will diese schöne Welt verlassen? Wer kann auf sie verzichten?

Wir reden wieder vom Verzichten, aber dieser Verzicht ist nicht der Verzicht „vor" dem Süchtig-sein, also sagen wir mal: die Ursache der Sucht, sondern die „Sucht" selbst. Wer auf etwas nicht verzichten kann, dieser ist schon „süchtig", er ist krank, „patiens", er lebt nicht mehr aktiv, er geht nicht, wohin er gehen will, sondern er ist passiv. Dies ist der Süchtige, der lebt und strebt nach seinen Gefühlen – wie Aristoteles gesagt hat, er lebt nicht mehr „kata ton logon", sondern nur „kata ton pathon", er folgt seinen Neigungen, er ist zu etwas „geneigt", „getrieben", auf das er nicht verzichten kann. Jede Sucht ist – wie das Wörterbuch sagt – „ein pathologisches, d.h. krankhaftes Verlangen nach etwas", pathologisch im alten Sinne dieses Wortes. Das krankhafte Verlangen ist ein defizienter Modus des Begehrens, des Wollens, die passive – „pathische" – Seite aller Triebe, also die Gegenseite jedes Versuchens und Probierens; es ist ein Su-

chen, nach dem man gar nichts sucht, versucht. Der Süchtige sucht nichts, vielmehr ist er selbst gesucht, versucht, er führt sich selber nicht, er beherrscht sich selber nicht, er ist verführt.
Mit dem Letztgesagten sind wir aber in der psychologischen Analyse gelandet. Die Psychologie – jede Psychologie – wie alle empirischen Wissenschaften, kommt immer zu spät, um das menschliche Leben zu verstehen; was sie findet vom Menschen, sind bloße tatsachenvollzogene Fakta, also Folgen und Folgen von Folgen ursprünglicher, d.h. Urhandlungen, die ganz versteckt im Inneren des Menschen bleiben. Die Psychologie ist immer Theorie „vom" Menschen, „von" der Erfahrung, sie denkt nicht „aus der Erfahrung" selbst. Vergessen wir nicht, daß das die Sicht meiner Erarbeitung des Süchtig-Seins ist und kommen wieder zu den gestellten Fragen.

2. Das Wann: Wann ist der Moment – und zwar der gefährlichste Moment, wo der experimentierende Mensch als ein möglicher Süchtiger leben kann?
In der Umgrenzung des Erfahrungsbegriffes unterschieden wir drei Momente – es sind Zeitmomente – im Weg des Lebens: das „ire", das „perire" und das „transire". Der Sinn des ganzen Fahrens, des Erfahrens, ist dieser letzte Moment, der Moment des Scheiterns der so anstrengenden Fahrt. *Ohne Scheitern gibt es keine bis ans Ende vollzogene Lebenserfahrung.* Ich hoffe, der Begriff „Scheitern" ist für Euch nicht – nicht mehr – irreführend. Um das Scheitern zu vermeiden, verzichtet der experimentierende Mensch auf diesen schwerwiegenden Schritt, flieht er vom Weg des Lebens und fängt an als ein Süchtiger zu leben. Mit seinem Verzicht bringt er die ganze Erfahrung zum Scheitern. Das Wort „Scheitern" ist immer noch irreführend, solange wir – wie es üblich ist – „Sinn" und „Zweck" verwechseln. Der Zweck des Lebens ist nicht der Tod, sondern das Leben; man lebt, um zu leben, zum Weiter-Leben. Der Zweck der Erfahrung ist nicht das Scheitern, sondern ein Gewinn; wir erfahren, um eine Lösung, eine offene Tür in die Welt zu finden. Der Sinn des Lebens – des menschlichen Lebens – aber ist „Sterben", d.h. „leben" für den Menschen ist „sterben". Der Sinn der Erfahrung ist das Scheitern, d.h. „erfahren" und „scheitern" sind dasselbe. Der experimentierende Mensch kehrt gerade dem gefährlichen Moment des Weges den Rücken, kehrt zurück

und bringt damit die Erfahrung zum Scheitern. Dieses Scheitern ist für ihn ein Gewinn: Die Einkehr in das ewige Leben der Illusion und Irrealität.

3. Das Warum: Warum entsteht aus dem Experimentierend-Sein das Süchtig-Sein? Warum ist das möglich?
Nehmen wir das Warum im Sinne von Ursache, dann haben wir schon die Antwort: *Der Verzicht im letzten und entscheidendsten Moment der Erfahrung ist die Ursache der neuen Lebensweise.* Wir fragen aber nach dem Warum des Warums, denn es hätte alles anders sein können, der experimentierende Mensch hätte eigentlich nicht verzichten sollen; hat er das getan, dann ist er gefallen deswegen. Wir sind prompt dazu geneigt, den Süchtigen zu tadeln und zu bestrafen. Er ist nicht seiner Pflicht nachgegangen, er folgte nicht dem höchsten Gebote, das gebietet: Kein Zurück! Bleib fest auf dem Weg des Lebens bis zum letzten Moment. Er hatte leider nicht genug Willenskraft. Der erste, der all das weiß, ist eben der Süchtiggewordene. Sicher wollte er nicht ein Süchtiger sein, aber er wollte auch nicht das Scheitern. Das Scheitern ist kein Willensobjekt, kein Beweggrund. Wer will eigentlich scheitern?
Das Warum, nach dem wir fragen, ist kein Warum im Sinne von Ursache, von Grund. Es gibt Gründe, die keine Gründe sind. Solche Gründe kennt die Vernunft – der logos – nicht, sondern das Herz. Die Heilige Schrift sagt: „Wo Dein Herz ist, dort bist Du". Aristoteles sagt jedoch: Die Unerfahrenen, also diejenigen, die immer noch nicht gelernt haben, sich zu beherrschen, die handeln nach ihren Neigungen (kata pathon) und ordnen ihre Neigungen den Gründen nicht unter, sie leben nicht kata ton logon. Dieser logos, von dem Aristoteles redet, ist aber nicht die Vernunft im Sinne von „ratio", dieses Vermögen, das die Gründe aller Dinge kennt, nach Gründen trachtet und dessen Weisheit der gehorsame Wille immer folgt. Es gibt einen anderen logos, der nicht nach Gründen fragt; der redet nicht, er vernimmt, fühlt, er ist so und so gesinnt (bitte, nicht „gesinnt" mit „gestimmt" verwechseln!); er ist die „Gesinnung" oder das Herz (to ethos). Die Art, wie das Herz gesinnt ist, kommt auf das an, wo es sich hingelegt hat. Dann ist dieser Ort, den das Herz gewählt hat, um dort zu wohnen, eine Sache der Freiheit? Ja, diese Freiheit aber ist nicht die der Vernunft oder Willensfreiheit, sondern die Freiheit nämlich des Herzens, die geistige Freiheit. Im Grunde gibt es kein „Warum" ein Mensch, der sich angestrengt hat, nicht weiter durch den Weg des Lebens fährt, son-

dern im letzten Moment die Arme fallen läßt. Wo es keinen Grund gibt, dort waltet das Mysterium. Von der Psychologie und von der Klinik her reden wir von den sogenannten Konditionierungen der Freiheit: erbliche Veranlagung, Temperament, Persönlichkeitsstruktur, schlechte Erfahrungen (eigentlich Erlebnisse) in der Kindheit usw. Diese Menschen – die sogenannten psychopathischen Persönlichkeiten, die immer so bedingt handeln, die haben aber keine Erfahrung oder nicht genug Erfahrung, selten haben sie sich angestrengt, um etwas im Leben zu gewinnen. Diesen Menschen zu helfen, sie zu korrigieren, zu orientieren, damit sie nicht süchtig werden, bemüht sich die psychologische Vorsorge, die Pädagogik.

Aus dem Gesagten darf man nicht entnehmen, das Herz, die Gesinnung oder ethos sei etwas Irrationales. Die Bezeichnung „rational" (logisch) bzw. „irrational" (alogisch) hängt davon ab, was für einen logos wir im Sinne haben. Für die alten Griechen war die ethische Erziehung oder die allgemeine Bildung (im alten Sinne des Wortes), also die Bildung des Herzens, insofern alogisch, als sie durch Vorlesungen, irgendeinen Schulunterricht, Lektüre von bestimmten Texten oder das Auswendiglernen einer Gebotstafel nicht zu erwerben war. Wie Aristoteles sagte, die Erkenntnis helfe hier nichts. Das Ziel der ethischen Erziehung ist nur die Betätigung, das Handeln. Nur beim Handeln, beim Üben, beim Sich-bewegen bekräftigt sich der Körper und der Geist. Das bedeutet nicht, daß der Wille und die Vernunft in der Bildung des Herzens keine Rolle spielten. Im Menschen gibt es zweierlei Willen; den, der gehorsam immer den Vernunftgründen – den Vernunftgeboten – folgt und den, der dem Herzen treu oder untreu bleibt. Der Mensch, dessen Wille einem gut gesinnten Herzen treu bleibt, dieser wird gelobt und als ein Muster eines richtigen, wahren Menschen hochgehoben. Nun, das Geheimnis, von dem wir reden (das ist das Mysterium der menschlichen Freiheit), ist das Mysterium unserer Untreue. Warum bleiben wir nicht fest da in der letzten Stunde, warum fliehen wir so ängstlich weg, warum legen wir unser Herz woanders hin? Ist das eine Schicksalsbestimmung, eine Gnadengabe? Auf jeden Fall, soll der Gefallene, der Süchtiggewordene nicht getadelt oder bestraft werden, weil es keine Sache des Vernunftwillens ist. In der letzten Stunde des schweren Weges des Lebens bitten die Menschen – die Sterblichen – um Verständnis, um Miteinandersein, um Miteinander-beisammensein, Empfangsbereitschaft, Liebe, bloß um eine Hand, die sie nicht in die Tiefe fallen läßt.

Weil wir alle Daseienden im Geiste der Logotherapie versammelt sind, gestatte man mir am Schluß meiner Exposition, manche Gedanken und Bedenken, in bezug auf unser Verständnis der Logotherapie V. Frankls laut auszusprechen. Ich berühre jetzt nur diese Dinge, über die ich gern mit Euch diskutieren möchte, weil sie mit dem erörterten Thema in engem Zusammenhang stehen:

1. Die Rede vom „Sinn" und vom „Wollen von Sinn" oder vom „Wille zum Sinn" in der Logotherapie

Meines Erachtens ist der Ausdruck „Wille von Sinn" oder „zum Sinn" so sehr irreführend wie „Wille zur Lust". Der einzige Wille, der im wahren, vollen Sinne Wille ist, ist der Wille zur Macht. Wille und Sinn zusammenzubringen – das ist etwas fast Widersprüchliches. Der Sinn – genauso wie die Lust – ist keine Willenssache. Es gibt einen Willen zum Sinn – und (von ihm habe ich oben gesprochen), aber dieser ist ein Wille, der treu dem so oder so schon gesinnten Herzen folgt. Hält man das nicht mehr fest im Auge, dann kann die Rede vom Willen zum Sinn leicht den Eindruck erwecken, als ob wir die Lösung des ganzen Problems hätten: mit einem bißchen Willen kann man den Sinn einer Handlung oder des ganzen Lebens finden. Den Sinn findet man nicht mit der Willenskraft, sondern mit dem guten Willen, mit dem guten Herzen. Der gute Wille ist keine Kraft, keine Macht, sondern Selbstbereitschaft, Selbstoffenheit, Selbsthingabe. Eine genügende Quote an Willenskraft braucht man sicher für die ersten Strecken des Lebensweges, für den Moment des „ire"; für den des „perire" und noch mehr des „transire" ist die Willenskraft immer schwach. Im wissenschaftlich-technologischen Zeitalter, in unserer Zeit des All-Machens und All-Betreibens soll der Imperativ der Pädagogik nicht so sehr in einer Bekräftigung der Willenskraft, sondern in der Bildung des Herzens bestehen.

2. Die Rede vom Sinne läßt die heutige Jugend indifferent

Oder besser, muß ich sagen, sie übt auf diese so labilen Menschen einen derart unerträglichen Druck aus, daß sie damit nichts anzufangen wissen. Die Jungen verstehen „Sinn" und „Zweck" oder „Ziel" als gleichbedeutende Wörter. Selbstverständlich stellen sie sich den Sinn, den Zweck oder das Ziel am Ende einer Strecke vor, die sie laufen müssen. Das große Problem für den heutigen (westlichen) Menschen liegt nicht in einem Unwissen des Endes, des Zieles. Was sie nicht wissen, ist, wie man zum Ziele kommt. Das kann man nur in der Schule der Erfahrung lernen.

3. Die Logotherapie will auch eine Existenzanalyse sein

In der Blütezeit der Philosophie der Existenz hat man unter den Existenzphilosophen selbst und zwischen diesen und Andersdenkenden viel darüber diskutiert, wie der Begriff „Existenz" zu verstehen sei und wie man eine Philosophie der Existenz denken müßte, damit sie im echten und vollen Sinne des Wortes eine „Philosophie der Existenz" genannt werden könne. Die echten Existenzphilosophen haben vor einer Verflachung und Verblassung der Rede von der Existenz gewarnt. Das geschieht, wie früher bemerkt, wenn die Theorie der Existenz nicht mehr von ihrem existenzialistischen Kern belebt wird. „Existieren", also „wie ein Mensch leben" heißt: Grenzen in die Welt ziehen, an Grenzen landen, über Grenzen gehen, bis ans Ende. Das wertvollste Stück im Wortschatz der Philosophie der Existenz sind ein paar Wörtchen, die so unbedeutend klingen: „Die Existenz ist endlich". Das zu verstehen und es aus dem guten Herzen zu wollen, ist allein eine Sache der Erfahrung.

Ich danke Euch für Eure Aufmerksamkeit!

N. B. Von diesem Text wurden in der Tagung in Graz mehrere und sogar für das Verständnis der Exposition wichtige Stellen aus Zeitgründen nicht vorgetragen.

Anschrift des Verfassers:

Prof. Dr. Nolberto A. Espinosa
Martinez de Rosas 44
5500 Mendoza
Argentinien

Phänomenologie der Eifersucht*)

Hubertus Tellenbach

Wer *Jaspers* große Arbeit am Problem des Eifersuchtswahns (1910) kennt, diesen an scharfsinnigen Reflexionen und feinen Distinktionen so reichen Untersuchungen, wird an keiner Stelle die Frage aufgeworfen finden, was denn Eifersucht eigentlich ihrem Wesen nach sei. Offensichtlich hat Jaspers ein selbstverständliches Bewußtsein des Wesens der Eifersucht vorausgesetzt. Vor diesem Hintergrund eines ungeklärten Umgangs haben wir die Frage nach dem Phänomen „Eifersucht" aufzurichten. Für den Psychiater ist sie von besonderer Relevanz; denn wenn Eifersucht in einer Deformation erscheinen kann, die wir als *Wahn* bezeichnen, so hat er allen Anlaß, die Seinsweise von Eifersucht in Erfahrung zu bringen. Dazu folgen wir der Vorschrift der Phänomenologie, zu vergegenwärtigen, was wir aus der nichtklinischen und klinischen eigenen und fremden Erfahrung, aus den Eifersuchtsdichtungen (z.B. Shakespeare) und von anderweitigen literarischen Bekundungen über Eifersucht wissen, um in möglichst reicher *Anschauung* das Phänomen „Eifersucht" zu gewinnen und es zugleich von verwandten Zuständen abzugrenzen. Dabei wird es vor allem darauf ankommen, ersichtlich zu machen, wie Eifersucht sich *entwickelt.*

Der animalische Bereich

Die moderne Erforschung menschlichen Verhaltens wirft vielfach die Frage auf, ob Vergleichbares auch in den Bereichen tierischen Lebens anzutreffen sei. Das tat *Robert Burton* schon im 17. Jahrhundert. Im dritten

*) Abdruck aus: Tellenbach H. (1992) Schwermut, Wahn und Fallsucht in der abendländischen Dichtung. Hürtgenwald: Guido Pressler Verlag, S. 143-162. Der Abdruck dieses Kapitels erfolgt mit freundlicher Genehmigung des Verlages.

Teil seiner berühmten „Anatomy of Melancholy“ stößt man auf ein Kapitel über die Eifersucht, worin sich Burton auf einen „Traktat der Eifersucht“ (von R. T.) beruft. Hier ist die Rede von einem Schwan, „der einen fremden Schwan bei seinem Weibchen fand, ihn ... viele Meilen verfolgte und tötete, dann zurückschwamm und auch sein Weibchen umbrachte“. R. T. habe dies als eine „wahre Geschichte“ erzählt, „die auf der Themse geschah und von vielen Fischern und anderen Leuten der Nachbarschaft bestätigt werden kann“. Später ist durch *Jakob von Uexküll* die Untersuchung tierischer Einflußsphären in Gang gekommen. Man weiß heute, daß bei den mittleren und höheren Tieren Abgrenzungen von Revieren stattfinden, in denen die Leittiere herrschen, und daß, wenn Tiere aus anderen Revieren auf „Frauenraub“ ausgehen, sie sich zum Kampf stellen müssen. Auch im Revier selbst finden Kämpfe um das schönste Weibchen bzw. um die Verfügung über die weiblichen Tiere statt: Zweikämpfe um einen in bestimmten Zeiteinheiten immer wieder neu zu vergebenden Besitz. Das ist das Phänomen der *Rivalität.* Es gibt Entsprechungen im menschlichen Bereich – dort, wo Kämpfe um die Eroberung von Mädchen oder Frauen ausgefochten werden. Seit *Burton* die Behauptung aufstellte: „Deutschland hat nicht halb soviel Trunkenbolde, noch England Tabakraucher, Frankreich Tänzer und Holland Matrosen als Italien eifersüchtige Ehemänner hat“, hat sich die Situation in Italien nicht verändert. Studiert man die reiche Publizistik über sog. Eifersuchtsfälle in Italien, so sieht man, daß es sich ganz überwiegend um den Sachverhalt „Rivalität“ handelt, d.h. daß *die Aggrssivität dem Rivalen* gilt, der zuweilen sogar getötet wird. Was den Schwan auf der Themse angeht, so ist die sofort den anderen verfolgende und vernichtende Aggressivität sehr verdächtig auf das Vorliegen von Rivalität. Und da es ganz ungewöhnlich ist, daß ein männliches Tier das weibliche tötet, so scheint mir das Ende dieser Geschichte zweifelhaft. Was im tierischen Bereich dem Phänomen der Eifersucht gleichbar erscheint, ist das Verhalten *domestizierter* Tiere, z.B. das Verhalten von Hunden, welche die Menschen, auf die sie geprägt sind, beeifern. Dieses Eifern gilt nicht nur anderen Hunden, sondern auch Kindern, vor allem Babies: offenbar aus der schmerzlichen Erfahrung, daß sich die Liebe ihres Herrn oder ihrer Herrin dem Neugeborenen zuneigen kann, ein Sachverhalt, welcher der Eifersucht des erstgeborenen Kindes gegen das zweitgeborene in gewisser Hinsicht gleicht.

Die Welt des Göttlichen

Wenn wir uns nun den Sphären des Göttlichen zuwenden, so ist es der olympische Himmel, der uns beides sehen läßt: Rivalität und Eifersucht. Es ist kennzeichnend, daß es die geistigen Götter sind – Apollon, Athene, Artemis -, die sich gegen Rivalen im Kampf behaupten. *Burton* erinnert an Niobe, die Letho vorhielt, sie sei nur Mutter von zwei Kindern – des Apollon und der Artemis – während sie, Niobe, Mutter von sieben Söhnen und sieben Töchtern sei. Die Rache des göttlichen Geschwisterpaares für diese vermessene Rivalisierung war fürchterlich. Apollon tötete alle Söhne, Artemis alle Töchter mit unfehlbaren Pfeilen. Oder man denke an den unglückseligen Satyr Marsyas, der mit Apollon in einem musikalischen Wettstreit auf Leben und Tod rivalisierte und dafür grausam bestraft wurde; denn der siegende Gott ließ ihn an einem Baum aufhängen und ihm die Haut abziehen. Auch Athene trug einen Wettkampf aus – mit der rivalisierenden Meisterin des Teppichwebens, mit Arachne. Und obschon Athene an dem herrlichen Gewebe keinen Fehler fand, war sie über Arachnes Darstellung von Liebesabenteuern der Götter so empört, daß sie Arachne in eine Spinne verwandelte.

Vor allem aber sind doch die *Eifersuchtsaffären*, die den olympischen Himmel aufrühren – allem voran die Eifersucht, der Hera, Gattin des Zeus und mythische Schutzgöttin der Ehe, in der die galanten Abenteuer des Zeus brennende Eifersucht entflammten. Sie ist es, die Herakles, Sohn des Zeus und der Alkmene, mit ihrem Haß verfolgt. Ihm, dem erst acht Monate alten Kinde, schickte sie zwei große Schlangen an die Wiege. Aber Herakles, von altersloser mythischer Stärke, erwürgte beide, eine jede mit einer Faust. Später lenkte Hera die Dinge so, daß Herakles im Dienste des Eurystheus die berühmten zwölf Heldentaten verrichten mußte, die in den Metopen des Zeus-Tempels in Olympia dargestellt sind. Eifersuchtsaffären sind es aber auch, über welche die olympischen Götter in schallendes Gelächter ausbrechen. Burton erinnert an die köstliche Geschichte der Eifersucht des Hephaistos auf Aphrodite. Hephaistos „machte ihr ... knarrende Schuhe, um zu hören, wohin sie ging, was den Ares nicht wenig ärgerte und verdroß“ (312). Später amüsierten sich die Götter über das Liebeslager, auf welchem der eifersüchtige Feuergott die treulose Aphrodite und den Kriegsgott Ares in kunstvoll geschmiedete

Netze einsponn – und dadurch beide in einer über die Maßen langen Umarmung festhielt.
Das Lachen gefriert, wo der Blick sich auf den eifernden und eifersüchtigen Gott des Alten Testamentes richtet. Das Gran Humor, mit dem *Burton* sein Exposé über die Liebes-Eifersucht würzt, zergeht und das Gelächter des olympischen Götterhimmels verstummt vor dem drohenden Ernst und dem eifernden Werben Jahwes um Israel. Das zeigt, daß wir den Bereich der Eifersucht ausdehnen müssen auf die Sphären von Macht und Rang und Geltung – und vom einzelnen als dem Beeiferten auf ein ganzes Volk; denn was ist es anderes als der ausschließliche Anspruch eines Herrschers auf oberste Geltung und höchsten Rang, wenn Jahwe von den Höhen des Sinai herab gebietet: „Du sollt keine anderen Götter neben mir haben" (2. Mose 20, 2-6); und wenn er droht: „Denn ich, der Herr dein Gott, bin ein eifriger Gott, der da heimsucht der Väter Missetat an den Kindern bis in das dritte und vierte Glied". Jahwe will die synkretistischen Anfechtungen Israels entmächtigen, will sein Volk auf die Einzigartigkeit seiner Wirklichkeit und seiner prägenden Macht verpflichten. Was sich aus des Himmels Gluten unter schrecklichem Dröhnen der Posaunen meldet und das Volk Israel in seinen Willen zwingen will, ist nicht „Sucht". G. v. Rad spricht von Jahwes „Eiferheiligkeit" (216), mit der der Gott gegen jeglichen Fremdkult zu Felde zieht; damit ist das Phänomen der griechischen Sicht von „Eifersucht" als Zelotypia (zeo = ich siede, koche; tyo = ich brenne, rauche) in seiner größten Fülle getroffen – als Urphänomen des Eifern aus der Flammenkraft des „Heiligen", der höchsten Form von Geistigkeit. In diesem Bezug auf den Menschen ist Jahwes Eifern gekennzeichnet durch einen „penetranten Immanenzwillen von Jahwes Heiligkeit" (v. *Rad*; 219). Dies gerade bezeugt, daß in seiner Eiferheiligkeit das volle Phänomen der Eifersucht in seiner Personhaftigkeit zum Ausdruck kommt. „Eifer ist ja soviel wie Eifersucht, also ein aus dem Persönlichsten kommender Affekt; als Eifernder ist Jahwe personhaft bis zur höchsten Intention" (v. *Rad*; 220). So sieht man Jahwe in intoleranter Ausschließlichkeit um die Einzigkeit der Zuwendung eines ganzen Volkes eifern – mit einer Leidenschaft, mit der nur ein Liebender durchdrungen ist, aber auch mit der Drohung tödlichen Verderbens, der ein Eifersüchtiger das Geliebte aussetzt. An fremden Göttern nennt die Religionshistorie vor allem Baal, Bethel, Dagon, Astarte, Anat, die Schlangengöttin Saldabaoth und Elschaddai, auch verschiedene verbreitete Totenkulte. Die be-

drohliche Alternative wird Wirklichkeit, als Aaron Moses Rückkehr vom Sinai nicht abwartend, den goldenen Jungstier, Sohn der Göttin Anat, fertigen ließ. Dieser Treuebruch kostete dreitausend Leviten das Leben (2. Moses, 32, 28). Fast ein Jahrtausend nach dem Geschehen am Sinai, bei dem Propheten Hosea, haben sich die toddrohenden Schroffen abgeschliffen und das Eifern ist Leidenschaft des Liebenden geworden. Durch den Mund des Propheten spricht Jahwe: „Was soll ich Dir tun, Ephraim? Was soll ich Dir tun, Juda? Ist doch Eure Liebe wie eine Morgenwolke und wie ein Tau, der frühmorgens vergeht. Darum schlage ich sie durch die Propheten, und töte sie durch meines Mundes Rede, daß mein Recht wie das Licht hervorkommt. Denn ich habe Lust an der Liebe, und nicht am Opfer" (Hosea 6, 4-6); „aber mein Herz ist anderen Sinnes, meine Barmherzigkeit ist *brünstig*" (11, 8).

Unfähigkeit zur Eifersucht?

Nun wäre angesichts von Jahwes Eifersucht zu fragen, ob es denn überhaupt Menschen gibt, die der Eifersucht nicht fähig sind. Kierkegaard würde die Frage im Hinblick auf Don Juan bejahen; denn der Genius des Unmittelbar-Erotischen ist der reine Widerspruch zur Eifersucht. Don Juan kann nicht eifersüchtig sein, weil er zwar erobern, aber – um Gottes Willen! – nicht halten will, was ihm zufiel. Nichts liegt ihm ferner als die Reflexion auf einen Rivalen. Er selbst ist der immer siegreiche Nebenbuhler. Er triumphiert sogar über den Himmel, den sich Dona Elvira zum Bräutigam erwählt hat, den sie seinetwegen verließ. Und hat ein Mädchen, das sich den Himmel zum Bräutigam erwählt hat, nicht doch die beste Partie gemacht? Deshalb ist es auch ganz konsequent, daß Don Juan getötet wird – wie ja auch Heras Rache immer nur die Geliebten des Zeus und dessen göttliche Sprossen trifft – während ja sonst so gut wie immer das Beeiferte, das Geliebte getötet wird und nicht der Nebenbuhler.
Wie aber nimmt sich neben dem Genius der erotischen Unmittelbarkeit der Genius der Reflexion aus: wie verhält sich *Sokrates* zur Eifersucht? In dem Symposion der „Stadien auf dem Lebensweg" sagt *Kierkegaard*: „Ein Mann ..., vor dem man Geist fordern kann, macht sich unwiderruflich lächerlich, sobald er eifersüchtig wird. Stellt Euch einmal vor, daß So-

krates unversehens seine Frau in flagranti ertappt ... gewiß hätte sich das feine Lächeln, welches den häßlichsten Mann in Athen zum schönsten machen kann, zum erstenmal in ein schallendes Gelächter verwandelt"!

Der Rivale und der Nebenbuhler

Wir sagten, daß die flammende Eifersucht das Beeiferte tötet – nicht aber den Nebenbuhler. In *Shakespeares* „Othello" ist es Desdemona – und nicht Casio; in *Büchners* „Woyzeck" ermordet dieser allen Unterlegenen, in allem Schlechtweggekommene und zu all dem psychotisch Gestörte seine Geliebte, mit der er ehelich zusammenlebt („Herr Hauptmann, ich bin ein armer Teufel und habe sonst nichts auf der Welt") – und nicht den Tambourmajor, dessen Intimitäten mit der Geliebten er mitansehen muß. Dagegen liegt das Faszinierende in Prosper Mérimées „Carmen" in der Frage, ob aus dem rivalisierenden ein eifersüchtiger Don José wird. Von Anbeginn legt diese der losesten Freiheit verfallene Zigeunerin alles darauf an, in Don José die heftigste Rivalität zu wecken. Nichts kann diese stärker schüren als der ständige Wechsel von aggressiv-demütigender und erotisch-herausfordernder Behandlung. Welcher Stolz – und schon gar der „machismo" eines ehrgeizigen spanischen Soldaten – fühlt sich nicht herausgefordert, den Übermut und die Willkür eines Mädchen zu brechen, das ihn bis zur Hilflosigkeit entmächtigt hat. Wie frech die erotische Provokation, als Carmen die Akazienblüte, die ihre Lippen so begehrlich machen, mitten zwischen seine Augen schnellen ließ. „Senor, mir war, als hätte mich eine Kugel getroffen. ... ich wußte nicht, wohin ich mich verkriechen sollte, und saß steif wie ein Ölgötze da" (37). Man spürt im Fortgang seines Sinkens in diesen schmerzlich empfundenen Wertverlust das Wachsen einer willenlähmenden Verfallenheit an die fast magische Dämonie der „Teufelsdirne". „... aber wenn sie etwas sagte, glaubte ich ihr alles. Da war ich ganz hilflos, konnte mich dagegen nicht wehren ... aber ich war toll, ich achtete auf gar nichts mehr" (41). Er tötete in ihrer Anwesenheit im Degengefecht einen Leutnant seiner Truppe, der ihn erniedrigt hatte. Das ist der Auftakt zu Balzkämpfen um den Besitz der Geliebten, die, seine soldatische Existenz ins Lächerliche herabziehend, ihn ihrer Schmugglerbande zuführt. „Ich war so schwach diesem Geschöpf gegenüber, daß ich folgsam allen ihren Launen nachgab" (59). Er tötete

Carmens Gebieter Garcia, den „hinterhältigsten Schuft“, im Zweikampf mit Messern. „Wenn man unter den Augen einer Frau kämpft, ist es nicht weiter verdienstlich, den Tod gering zu achten“ (61). So spricht nicht Eifersucht, die sich aus dem Mißtrauen in die Treue der Geliebten und aus der Angst um den Verlust dieser Treue speist. Nicht um Treue und Untreue geht es, sondern um unangefochtenen Besitz. „Ich liebe Carmen und will unbehelligt sein“ (70). Doch mit diesem Wunsch kollidiert Carmens ausbündige Freiheitssucht. „Was ich will, ist meine Freiheit, und daß ich tun kann, was mir gefällt“ (72). Das aber bedeutet für den ehrlos Verfallenen den Verzicht auf den Drang nach dem Neubeginn eines Daseins in der Kontinuität einer Ordnung, die durch eine liebende Beziehung abgesichert wäre. Doch solange Carmen lebte, würde er ihrer nie sicher und ihres Besitzes nie froh sein – nie auch aus der Depravation seines Daseins hinausfinden. „Ich habe es satt, Deine Liebhaber alle der Reihe nach umzubringen. Dich werde ich töten“. So tötete nicht der Eifersüchtige ein sich ihm verweigerndes Weib. Don José ist auf der Talsohle der Kompatibilität seiner „männermordenden“ Existenz angelangt. Aus diesem Grunde stammt seine Todesdrohung. Carmens Präsenz ist das konditionale Moment seines Verfallenseins, das ihm eine Trennung unmöglich macht. „Ich liebe Dich nicht mehr. Du aber liebst mich noch, und darum willst Du mich töten“ (79). Don José konnte noch hoffen, Carmen würde fliehen. „Sie hätte mein Pferd nehmen und das Weite suchen können ...“ (78). Aber ihr Trotz verlegt ihm diesen letzten Ausweg in eine neue eigenen Lebensmöglichkeit. „Ich bin am Ende mit meiner Geduld und mit meinem Lebensmut“ (77). Er tötet sie, Und es ist nur konsequent, daß er, der darin auch seine Zukunft vernichtet sieht, sich selbst dem Tode ausliefert. Über alle Rivalen hat Don José gesiegt – nicht aber über sein höriges Verfallensein, das ihn nicht – eifersüchtig – an ein Lebensgut bindet, vielmehr sein Dasein nur in der Aussicht auf wachsende Depravation korrumpiert.

Wie anders liegen die Dinge in *Tolstois* „Kreutzersonate“. Nirgends findet man die Stufen der Entwicklung zur antizipierenden Eifersucht – bis hart an die Schwelle des Eifersuchtswahns – in solcher Konsequenz dargestellt. „Ich habe während meines ganzen Ehelebens nie aufgehört, die Qualen der Eifersucht zu empfinden“ (55). Diesem Geständnis des skurrilen („Ich gelte doch in gewissem Sinne als geistesgestört“) ideologieanfälligen Posdnyschew gehen 14 Kapitel voraus, deren in zahllosen Variationen durchgespieltes Thema das Verfehlen der Liebe als pure Sinneslust und ihr Entgleiten in süchtige Sexualvollzüge eine Leere hinterläßt als das Negativ der Fülle des Liebens, als der Weise vertrauensvollen spendenden Einandergehörens. Durch diese Exzesse der erotischen Depravation werden schlichte „klare reine Beziehungen zu den Frauen, brüderliche Beziehungen" (29) verunmöglicht. In diese sich schon bald nach der Hochzeit auftuende Leere, die sich auch darin zeigt, daß die jungen Eheleute einander nichts mehr zu sagen wissen, wuchert Posdnyschews zunehmend reizbare und ausschweifende Phantasie von der Untreue der Ehefrau, die als „Gegenstand der Sinnenlust" den Mann zu ihrem Sklaven macht (38). Man fühlt sich hineingenommen in eine Gratwanderung zwischen dem Abgrund empörender, wenn auch fiktiver Gewißheit weiblicher Treulosigkeit und den Klüften verzweifelter Ungewißheit, in ein Auf und Ab von hitzigem sinnlichem Rausch und kalter, haßgeladener Streitsucht. Als nun die Ärzte seiner Frau ein Antikonzeptivum verordneten, sieht Posdnyschew durch die Brille seines physiologischen Vorurteils – durch ein Rechnen mit den Energiebeträgen aus der Ernährung, die ein Vorgriff auf *Freuds* Verrechnung von Libidobeträgen ist – seine Frau durch das Nichtgebären und Nichtnähren zu korrumpierender Schönheit erblühen. „Sie wurde zu einer Art herausfordernden Schönheit, welche die Menschen erregte" (67). Das läßt Eifersucht hochschnellen, zumal Posdnyschew die Hinwendung seiner Frau zum Klavierspiel als ein Eingehen in ein sich wandelndes Medium des Liebens deutet, das der Gatte nicht leisten kann: „Doch die Liebe eines durch die Eifersucht und allerlei Bosheiten widerlichen Mannes war nicht mehr das, was sie verlangte. Es schwebte ihr irgendeine andere, reine, neue Liebe vor" (68). Diese Befürchtung des Entgleitens der Frau ruft den Nebenbuhler in die Szene. Mit dieser Konstellation der typischen pathogenen Trias ist das Stichwort für die antizipierende Eifersucht gefallen, die sich im Klima der nonverbalen alle Festigkeiten auflösenden Intimität der Musik, „der raffiniertesten Gefühlsvermittlerin" (90), in ihren unverkennbaren Phänomenen entfaltet. Der Eifersüchtige zieht den Geiger Truchatschewskij selbst in Haus. Kein Karikaturist könnte die Physiognomie des Nebenbuhlers treffender akzentuieren: „Mandelförmige, feuchtglänzende Augen, rote lächelnde Lippen, ein gewichstes Schnurrbärtchen, das Haar nach der neuesten Mode frisiert, ein hübsches, aber gewöhnliches Gesicht ... sein Körperbau war schwächlich, aber wohlgestaltet, mit besonders entwickeltem Hinterteil, wie bei einer Frau, wie bei den Hottentotten ... ein Mensch, dem man den besonderen Pariser Schliff ansah – Stiefel mit Knöpfen, hellfarbige Halstücher und dergleichen ... was durch seine Neuheit niemals seine Wirkung auf die Frauen verfehlt, in den Manieren eine gemachte äußerliche Lustigkeit, dazu die Gewohnheit, über alles in leichten Anspielungen und in abgebrochenen Sätzen zu sprechen, als ob Sie das alles wüßten, sich an alles erinnerten und alles selbst ergänzen könnten" (69/70). In dieser Skizze der erogenen Überlegenheit des Nebenbuhlers fehlt auch nicht das unverständlich Anziehende, von Freud als homophiler Herkunft angesehen. „Er mißfiel mir auf den ersten Blick. Aber seltsam! irgendeine merkwürdige verhängnisvolle Macht veranlaßte mich, ihn nicht zurückzustoßen, nicht fortzuweisen, sondern ihn an mich zu ziehen" (75). Als ob er seine Frau den Verführungskünsten des Geigers zur Versuchung ihrer Treue aussetzen wollte, so verrät ihm nun seine durch die Gewißheit seines Vorurteils ans Wahnhafte grenzende Wahrnehmung: „Ich sah, daß ihre Augen vom ersten Augenblick an einen besonderen Glanz bekamen, und infolge meiner Eifersucht stellte ich sogleich fest, daß zwischen ihm und ihr so etwas wie ein elektrischer Strom entstanden war, der bei beiden denselben Gesichtsausdruck und dasselbe Lächeln hervorrief. Wenn sie errötete – errötete er auch. Lächelte sie, lächelte er auch ... und ich lud ihn ein ... mit meiner Frau zu musizieren" (76).

Alles Folgende ist eine geniale Beschreibung der Entwicklung antizipierender Eifersucht. Seine Einbildungskraft begann „mit außergewöhnlicher Deutlichkeit, meiner Eifersucht entflammender Bilder vorzuzeichnen, eines nach dem anderen, und alle bezogen sich auf dasselbe – auf das, was während meiner Abwesenheit dort vorging und wie sie mir die Treue brach ... je mehr ich mir solche Phantasiegebilde ausmalte, desto mehr glaubte ich an ihr wirkliches Vorhandensein. Die Deutlichkeit, mit der diese Bilder mir vor Augen traten, diente mir gleichsam als Beweis, daß das, was ich mir einbildete, Wirklichkeit war. Irgendein Teufel ersann geradezu wider meinen Willen die entsetzlichen Dinge und flüsterte sie mir ins Ohr" (93). Das Alternieren der phantastischen Gewißheiten mit dem Augenblick ihrer Entmächtigung durch vernünftige Erwägungen war qualvoll. „Es war schon der reine Wahnsinn". Seine Sorge begann nur noch dem „augenscheinlichen Beweis" der Untreue seiner Frau zu gelten. Dieser Verdacht stellt nun auch die Vaterschaft seiner fünf Kinder in Frage. „Vielleicht hat sie die Kinder, die als die meinigen gelten, mit Bedienten gezeugt“ (99). Hier wird der Nebenbuhler schon anonymer und von ephemerer Valenz. Hart an der Schwelle zum Wahn kann Posdnyschew dem sich gewaltsam meldenden Drang, die beeiferte Frau zu töten und seine Qual zu enden, nicht mehr widerstehen. Doch war es keine unumstößliche Wahngewißheit, aus welcher der Entschluß kam, zu töten. Posdnyschews Tat, der Mord mit einem Damaszener Dolch, entsprang seiner ethischen Fehlhaltung, für die er unmittelbar nach der Tat einsichtig war. Er bittet die Sterbende um Verzeihung: „Verzeih mir“ (108). Er hat sich „im Gefängnis, nachdem der sittliche Umschwung sich in mir vollzogen hatte“ (104), diesen Augenblick der Einsicht mit allen Qualen der Metanoia ins Gedächtnis zurückgerufen. Erst nach der Tat hatte Posdnyschew – wie auch Othello am Ende der Tragödie – „zum erstenmal in ihr den Menschen“ (108) gesehen.

Das Phänomen „Eifersucht“

Wir sahen, wie die Rivalität gekennzeichnet ist durch *Aktivität* im Sinne von Aggressivität gegen den anderen, durch ein Konkurrieren mit ihm. Während beide in der erotischen Rivalität dieselbe Person erobern und im Rivalisieren um dasselbe Gut (Erfolg, Macht, Amt) eben dieses Gut erringen und besitzen wollen, zeichnet sich die Eifersucht durch einen eher passiven *pathischen* Charakter aus. *Platon* zählt sie in seinem Dialog „Philebos“ zu den seelischen Verfassungen, in denen der Mensch unter die Bestimmung der *Leidenschaft* tritt. Wie Sehnsucht, Eros, Neid ist Leidenschaft ein Pathos. *Die Seele verlangt leidend nach etwas, dessen sie bedarf, um sich zu erfüllen.* Dieses „Etwas“, wonach die eifersüchtige Seele verlangen kann, ist vielfältig. Ein Mann kann eifersüchtig sein auf Ansehen, Ehre, Geltung, die man ihm nehmen will – vor allem aber auf ein Weib, dessen Liebe an einen Nebenbuhler zu entgleiten droht. Man wird die sprachlichen Wendungen, in denen sich eifersüchtiges Verhalten abzeichnet, behutsam vergegenwärtigen müssen. Wo in solchen Wendungen der Sinn von Neid miteingeht oder gar beides identisch gemeint ist, müssen wir scharf trennen – schon deshalb, weil *es keine wahnhaften Verformungen des Neides* gibt, die dem Eifersuchtswahn vergleichbar wären. Wo immer sich Eifersucht regt, da droht etwas in Verlust zu geraten, das ich als mir gehörig ansehe. Es kann etwas sein, das mir *eindeutig* angehört, aber auch etwas, auf das ich einen Anspruch anmelde oder vorwegnehme. Dagegen richtet sich der Neid stets auf etwas, das *primär* dem *anderen* gehört. Der Neidische will es ihm abnehmen, unter Umständen sogar rauben. Der extremste Fall von Neid scheint mir im Kindesraub gegeben. Dagegen ist der Nebenbuhler primär nicht neidisch. Er *wirbt* um die Liebe einer begehrenswerten Frau, er ist nicht bereit, das Vorrecht des Ehemannes zu respektieren. Er möchte diesem primär nichts wegnehmen, sondern *primär* in dem Weibe die Leidenschaft für sich wecken. Eifersucht ist eben nicht ein *Haben-Wollen*, sondern ein *Halten-Wollen*. Deshalb hört sie dort auf, wo das mir Gehörende oder als mir gehörig Beanspruchte, mir *definitiv* entzogen bzw. an den anderen verlorengegangen ist. Das Bestehen von Eifersucht ist unbedingt an dieses noch Unentschiedene gebunden, an die drohende *Möglichkeit*, daß das mir Gehörende mir entgleiten kann. Sie ist geknüpft an die intentionale Bedeutungsrichtung, die in der Bewegung des Meinigen von mir weg gegeben ist. Wenn diese Bewegung in der Gewißheit endgültigen Verlustes (oder auch der Gewißheit neuen Besitzens) aufhört, so hat auch die Eifersucht ein Ende. Es ist diese Bewegung, welche die Unruhe des Eifersüchtigen ausmacht, sein „Eifern". *Burton* übermittelt uns ein Ariost-Zitat, in dem es heißt: „Denn Eifersucht ist eine Raserei, ein ständiges Fiebern, Zittern, Argwöhnen, Sorgen, ein Freude verschlingendes Ungetüm".

In diesen ersten Umrissen deutet sich schon die spezifische Struktur der Eifersucht an. Als Eifersüchtiger bin ich es immer selbst, dem etwas verlustig zu gehen droht an jemanden, dem ich eine Anwartschaft daran *unterstelle*. In diesem Verweisungsbezug liegt der Schnittpunkt der entscheidenden beiderseitigen Intentionen in dem, was mir gehört, im „Worumwillen" der Eifersucht. Dieses Worumwillen ist ihr Thema; davon erhält sie ihren Namen, ist Liebeseifersucht, Eifersucht auf Geltung, Rang und Ansehen. Auch diesen Sachverhalt darf man sich durch sprachliche Ungenauigkeiten nicht verstellen lassen. Man sagt zwar, „ich bin eifersüchtig auf meinen Nebenbuhler, auf Herrn X"; aber *entscheidend* ist doch, daß ich eifersüchtig über dem wache, was, mir gehörig, mir zu entgleiten droht. Die Intention, die den Nebenbuhler trifft, der mir das Alleinrecht meines Anspruches bestreiten will, ist ganz anderer Art. Ich will ihn abstoßen, aus dem Spiel halten, beiseite drängen, ihn ablehnen, verwünschen, hassen, obwohl ich mich zugleich auch von ihm angezogen fühle – vielleicht deshalb, weil ich ihn um Möglichkeiten beneide, in denen er mir überlegen scheint. Doch vor allem nimmt der Eifersüchtige den Nebenbuhler bei seinem Anspruch auf das, was ihm selbst gehört und im Wert verleiht.

In dem konstitutiven Gefüge der Eifersucht ist der Nebenbuhler durch die Möglichkeit des *Kommensurablen* gekennzeichnet, einer Kapazität, der ich auch zutraue, daß sie mir abwerben kann, was ich als mir gehörig ansehe. Er muß in Frage kommen können. Und je mehr ich den Eindruck habe, daß er mir überlegen ist, desto brennender wird meine Eifersucht.

Während also der Nebenbuhler seine Bedeutung darin hat, daß er Eifersucht erregt, ist er doch andererseits in der Konstellation der Eifersucht *konvertibel.* Er kann durch andere Nebenbuhler abgelöst werden, ja er muß nicht einmal bekannt sein. Um so entschiedener gebührt dem, was der Eifersüchtige als das Seine beansprucht, der Titel des Einzigartigen und Eindeutigen. Ob es sich um Liebe handelt, die sich dem Eifersüchtigen zugeeignet hatte, oder um anderes ihm faktisch oder in der Präsumption Gehörende: immer handelt es sich bei diesem „Worumwillen" der Eifersucht um ein Gut, das der Eifersüchtige nicht entbehren kann, ohne an sich selbst zu *verarmen*, dessen möglichen Verluste er deshalb auch besonders fürchten muß. Um welches ihm zugehörige Gut er vor allem bangen muß – Liebe, Ehre, Ansehen, Freundschaft – hängt ganz davon ab, worin er sich selbst wesentlich begreift und erfüllt. *Das Auftreten von Eifersucht ist allemal ein Zeichen dafür: daß das Selbst an seiner empfindlichsten Stelle getroffen werden kann, und daß ihm dergestalt eine empfindliche Schwäche droht.* Das sich dann einstellende Eifern gilt der Abwehr dieser Drohung. Es will das dem Selbstsein so Unentbehrliche vor einem möglichen Entgleiten sichern. Die Dringlichkeit dieses so sehr Benötigten meldet sich in einem verzehrenden leibnahen Wehgefühl, das der Eifersucht ihren Namen gegeben hat, das tief in die Sphäre der Vitalgefühle eingreift – wie das Heimweh. Die griechische Zelotypia ist das Geschlagensein von diesem verzehrenden Weh.

Weil sie für die psychiatrische Klinik die größere Bedeutung hat, exemplifizieren wir jetzt ausschließlich auf die *Liebeseifersucht*, wie sie durch das drohende Entgleiten des Geliebten entzündet wird. Warum ist dieses „drohende Entgleiten" von so entscheidender Bedeutung? Nun, entscheidend ist hierin die *Zeitlichkeit* dieses Drohens: daß etwas bevorsteht und erwartet wird, das Leiden mit sich bringt.

In *Platons* „Philebos“ spielt die Vorerwartung in der Verschränkung (in der „Koinonia“) von Leiden und Genießen eine bedeutsame Rolle. Dieses Vorerwarten, worin das Genießenkönnen und das Leidenkönnen miteinander verbunden ist, nennt *Platon* „Prosdokia“. Wie ist das zu verstehen? Mit der ersten in jedem kindlichen Leben erlittenen Erfahrung eines Liebesentzuges entwickelt sich die Fähigkeit der *Vorerwartung* ähnlicher Erfahrungen. Früh lernt der Mensch, daß eine ihm gehörige Liebe, deren er bedarf, verlorengehen kann. Fortan korrespondiert die Erinnerung an diese schmerzliche Erfahrung mit der Vorerwartung der Möglichkeit, daß die Liebe entgleitet. Je inniger und lebhafter die Liebe ein Dasein durchwohnt, je näher sie der totalen Vereinigung liegt, je mehr ein Selbst sich liebend im anderen begreift, desto gespannter die Vorerwartung, desto gefährlicher, gefährdender dann aber auch das Entgleiten des Geliebten. In der *Ehe* kommt diese Situation auf ihren Höhepunkt, und wäre gerade hier unerträglich, wenn sie nicht im Vertrauen auf die Treue ausgelöst würde. Ist diese Konjunktion von Erinnerung und Vorerwartung möglichen Entgleitens nicht durch das Vertrauen in die Treue des Geliebten überwunden, und wird – grundlos oder nicht – die Vorerwartung zur überwiegenden oder gar bestimmenden Macht, so wird das *Entgleiten* der Liebe immer ausschließlicher vergegenwärtigt. In dieser Lage wird es immer weniger als Aufgabe gefühlt, das eigene Lieben auf das Geliebte hin zu entfalten, das Geliebte in sein Wesen freizugeben. Stattdessen starrt man erwartungsvoll auf dessen Liebeserweis und eifert im voraus gegen das mögliche Entgleiten. *Diese zeitliche potentive Verschiebung ist ein entscheidender Augenblick in der Entwicklung der Eifersucht:* denn hier beginnt ein Vorwegeifern, eine antizipierende Eifersucht, in der das mögliche Entgleiten der Liebe vorweggenommen ist. Wir fanden diese phänomenale Bestimmung eines sehr charakteristischen Merkmals in der Eifersucht in *Tolstois* „Kreuzersonate“. Zu einer Zeit, als noch nicht die geringsten Anzeichen für eine Beziehung Truchatschewskijs zur Frau Posdnyschews sprachen, entdeckt dieser schon, daß zwischen beiden „eine Art elektrischer Strom entstand, der beide in gleicher Weise lächeln und blicken ließ“. In diesem Vorerwarten ist die Liebe immer nur auf ihr Entgleiten-Können hin entdeckt. Schließlich kann sich mehr und mehr das ganze Dasein um die ständige Gewärtigung des Entgleitens versammeln. „Die ganze Welt wird verdunkelt; man verliert die Verknüpfung mit der Welt. Es bleibt nur Zufall, Finsternis, Ohnmacht“ – so Tolstoi. Es kommt dann nicht mehr zu einer Vorerwartung einer *Bezeugung* der Liebe – der eigentliche und schönste Sinn der erotischen Vorerwartung – und erst recht nicht mehr zu einer Daseinsfüllung in der Liebe. Das Eifern läßt keinen Raum mehr für die *liebende* Bemühung um den Anderen; vielmehr *entleert* es diesen Raum und „materialisiert" den Anderen immer mehr zu einen „Besitz", auf den man einen Rechtstitel zu haben glaubt. Das macht den eigenartig querulatorischen Charakter der Eifersucht aus. Oftmals hält jetzt auch die Tendenz zur Vergewisserung der Untreue gar nicht mehr Schritt mit der antizipierenden Sucht des Eiferns, so daß der Eindruck entstehen kann, es liege dem Eifersüchtigen kaum noch daran, seine Verdächtigungen zu verifizieren. Der Nebenbuhler wird peripherer, anonymer. So bleibt am Ende nur noch die immer ausschließlicher existierte Bedrohung durch den Verlust der Liebe, die dem Dasein eine ganz spezifische atmosphärische Bedeutsamkeit verleiht. Damit aber sind wir an der *Schwelle zum Eifersuchtswahn* angelangt, wo die ständigen Befürchtungen des Entgleitens in *die Gewißheit des Verlustes* übergegangen ist. Hier ist der Kranke eigentlich nicht mehr liebeseifersüchtig. Er ereifert sich nicht mehr über das drohende Entgleiten der Liebe, sondern jetzt vor allem über den *Beweis* dieses Verlustes, den zu führen er nun – fast wie im Zwang – immer wieder Konstellationen zwischen der Geliebten und dem Nebenbuhler herbeiführt, indem er diesem seine Frau in einer Weise exponiert, die das treulose Spiel entlarven soll. Auch das hat Tolstoi in der „Kreuzersonate" bis hart an die Grenze wahnhafter Konsequenzen verfolgt.

Der Monologue intérieur über die Eifersucht in Marcel Prousts „A la recherche du temps perdu"

Posdnyschews in trübe erleuchteter nächtlicher Eisenbahnfahrt aufflackernder sich zu schmerzlicher Überhellung der Seelenlandschaft entzündender Eifersuchtsmonolog mutet den Lesenden an wie ein Zeitraffer-Geschehen. In welch großem Kontrast steht dazu die sich den ganzen Text durchhaltende Zeitdehnung, diese nie abreißende Kontinuität der Augenblicke, in die man in *Prousts* 5. Band hineingenommen wird, in diesen langsamen breiten Strom der Seelengeschichte einer Eifersucht. Man wir nicht aus der Faszination in dieser subtilen und facettenreichen

Histologie der Eifersucht entlassen; erst nach und nach wachsen aus diesen feingewebten Analysen übergreifende Konturen hervor, welche der mitgehenden Anschauung ihre phänomenalen Merkmale darbieten. Eine dieser entscheidenden Erscheinungsweisen der Eifersucht besteht in der ansonsten so gut wie nie thematisierten Behandlung der Weise, *in welcher der Eifersüchtige selbst sein Lieben lebt.* Dieses eifersüchtige Lieben zeigt von Anbeginn eine spezifische Abwandlung des vollen Phänomens der Liebe. Die Liebe gibt den obersten Rang in dem auf die Kommunikation mit dem Mitmenschen gerichteten Persönlichkeitszentrum ab an das Ideal eines sublimen, durch keine Intervention eines anderen, ja durch keine mögliche Hinwendung des Geliebten an einen anderen gefährlichen Besitz. Die „Süße" des vollkommenen Verfügens über diesen Besitz erhält im Titel des 5. Bandes („Die Gefangene") seinen kompromißlosen Ausdruck; „denn der Besitz von dem, was man liebt, ist eine größere Freude als die Liebe selbst" (72). Indem er Albertine für ein Konvivium gewinnt, unterbricht Marcel durch den Umzug von Balbec nach Paris alle Beziehungen, die sie ihm entziehen könnten; und in Paris läßt er Albertine bei allen Ausgängen überwachen, von denen er befürchtet, sie seien angetan, sie ihm zu entfremden. Sobald sie das Haus verläßt, gerät das Mobile seiner Phantasie in wachsende Unruhe. Das ist der Augenblick, in dem er eine peinigende eifernde Liebe erwachen und wachsen spürt, deren Heraufkunft an den Entzug des Besitzes gebunden ist. „Ich verspürte einen jähen Überschwang des Gefühl für sie, wenn ich sie in dieser Weise durch Einbildungskraft oder Kunst distanziert von mir sah" (80); denn nun weckt die proteusartige Allmöglichkeit des Entgleitens die quälende Liebe der Eifersucht. Nach der Heimkehr, unmerklich abgefragt durch seine latente Inquisition, beginnt das Gefühl des Besitzes die Eifersucht, zugleich aber auch die Liebe zu konsumieren. Er spürt, wie seine Affizierbarkeit durch Albertine erlischt, wie seine Gefühle sich abkühlen, wenn die Überwachung (z.B. durch den Chaffeur) ergab, daß sein Verdacht der Untreue unbegründet war (197). Das Erwachen dieses eifersüchtigen Liebens ist gleichsam an einen negativen Druck in den Kapillaren des Seelischen gebunden, der Albertine ins Haus saugt und zu Hause festhält, der seine „Halluzinationen gleichsam entgiften" (28) kann. Alle Unruhe der Eifer-Phantasien wird vollends gestillt, wenn Albertine an seiner Seite vom *Schlaf* übermannt wird. Die Szenerie der schlafenden Albertine führt den Leser auf eine der dichterischen Höhen des 5. Bandes.

Er spürt, wie kein anderer Besitz den Eiferer so beglücken kann, welche Totalität des Besitzens ihm dies Zurücksinken Albertines ins Pflanzendasein sichert. Was von ihr draußen war und von ihm weggewandt: im Schlaf ist es in ihr versammelt. Nun ist sein Besitz in seiner Idealität, in der Umarmung der Schlafenden in seinem Ganz-und-Gar verwirklicht. „Ihr Leben war mir untertan" (101). Wie ist dieses rauschvolle Lieben dem Tötungsrausch der Eifersüchtigen nahe, die das Geliebte im längsten Schlummer unangefochten zu besitzen trachten. Der Eifersüchtige erfüllt sich mit der entflohenen Seele, die er nicht erfüllen konnte, weil sein Lieben einen quälenden Bund mit der Angst um die Flucht der Gefangenen eingegangen war. „Man liebt nur, was man noch nicht vollkommen besitzt" (156). Dieses Defizitäre im Besitzen ist das Feld der grenzenlosen Möglichkeiten der *Untreue*. „Meine Natur nach (ist) mir immer die Welt des Möglichen zugänglicher gewesen ... als die bloße Bedingtheit des Wirklichen" (31). Was hier mit dem Prädikat der „bloßen Bedingtheit" der Abwertung verfällt, ist jene Kraft der *Begrenzung*, mit der die Treue den Liebenden vor dem Zufall des Alles-Möglichen abschirmt. Dem Eifersüchtigen ist überhaupt das Abgrenzbare ästhetisch uninteressant. „Ich sage nicht, daß nicht ein Tag kommen wird, an dem wir sogar diesen strahlenden jungen Mädchen ganz deutlich abgrenzbare Charaktere zuerkennen werden, aber das bedeutet dann, daß sie aufgehört haben, uns zu interessieren, daß ihr Auftreten für unser Herz nicht mehr jenes plötzliche Aufgehen sein wird, das wir jedesmal anders erwartet haben und das uns jedesmal in Entzücken über derart neue Inkarnationen versetzt" (96). Daß dem Eifersüchtigen dieses Sich-Begrenzen-Können in der Treue, das den so nötigen Wandel der Person begleitet, verlorengeht, findet seinen sichtbaren Ausdruck im Gefangenhalten als dem defizienten Phänomen des Begrenzens in Freiheit. Der „Freier" ist ein Mann, der das Geliebte zu dessen Schutze „umfreit", d.h. einfriedet, gleichsam mit einem lebendigen Zaun umgibt – aber so, daß das Perspektivische der Beziehung nicht verlorengeht, das von der vollen Liebe und vom vollen Vertrauen der Treue geleistet wird. Die Gliederung geht in der Eifersucht ganz verloren. „Gomorrha war bis in alle Winkel der Erde zerstreut" (29). An die Stelle der wählenden, sich in der Erstreckung des Daseins umartenden Weise der Liebe tritt die Stagnation der Liebe in der ästhetischen Momentanität der reinen Konkupiszenz, die in der umfassenden Liebe nur ein Moment ist. „Und dennoch bedeutet fleischliche Liebe für

mich das Auskosten eine Triumphes über viele, viele Nebenbuhler. Ich kann es nicht oft genug wiederholen: sie war mehr als alles andere für mich eine Befriedigung" (111).
Was in der Folge von *Proust* in aller Eindeutigkeit enthüllt wird, ist die *konstitutive Treulosigkeit des Eifersüchtigen* selbst, die ihren Ursprung hat in seinem Nicht-trauen-Können. Von seiner vorwurfsvollen Thesis der Allgegenwart Gomorrhas ist er selbst nicht ausgenommen. „Aber wenn der Zuwachs an Freude, der mir durch den Anblick von Frauen zuteil wurde ..., die Straße, die Stadt, die Welt ersehnenswerter ... machte, gab er mir doch gerade dadurch auch ein Verlangen ein, gesund zu werden, das Haus zu verlassen und frei – ohne Albertine – zu sein. Wieviele Male litt ich, wenn eine unbekannte Frau, die künftig mein Traumbild sein würde ... darunter, daß mein Körper meinem Blick, der sie einzuholen vermochte, nicht folgen und aus meiner Fensteröffnung wie aus einer Arkebuse herabgeschleudert das Weiterhuschen eines Antlitzes aufhalten konnte, in dem mich das Angebot eines Glücks erwartete, das ich, gefangen wie ich war, niemals zu kosten imstande sein würde" (37). Nur die eigene Umschränkung in der Gefangenschaft, in der seine Eifersucht auch ihn festhält, verhindert seinen Treuebruch. Seine Treulosigkeit flüchtet sich in die Illusion. Hier zeigt sich der tiefe Unterschied zu Don Juan: bei ihm kulminiert die Illusion im Aufgehen im erreichten „Augenblick". Beim Eifersüchtigen wird die Illusion in der erotischen Begegnung verflüchtigt, um unaufhörlich nachzuwachsen. „Daher verbringen wir denn auch unser ganzes Leben in unruhevollen immer wieder neuen Bemühungen um solche einer ernsthaften Tätigkeit obliegenden Mädchen ... ruhen sie erst in unseren Armen, so sind sie nicht länger, was sie waren; die Distanz, die wir zu überbrücken träumten, existiert dann nicht mehr" (210). Selbst bei einer Ausfahrt mit Albertine umschwärmen seine Wünsche die Mädchen, an denen die Fahrt vorübereilt. „Die Erregung, von der ich erfaßt wurde, wenn ich die Tochter eines Weinhändlers an ihrer Kasse oder eine Wäscherin auf der Straße plaudernd stehen sah, war die gleiche, mit der man Göttinnen erkennt" (247). Wie ist hier *Hugo von Hofmannsthal* im Recht: Die Begegnung verspreche mehr als die Umarmung halten könne. Doch steht dieses Treulose in der engsten Verbindung mit „Albertines Versklavung" (255). Weil diese Albertine daran hindert, diese schöne Mädchenwelt als „wahrscheinliche Objekte ihres Verlangens und ihrer Lust" (255) anzusehen, wurde sie der „Welt der Schönheit wieder

zurückgeschenkt" (255). Unübertreffliche Formeln der *Notwendigkeit* in der eifersüchtigen Treulosigkeit: „Man findet harmlos, daß man selbst nach etwas verlangt, aber unerträglich, daß es ein anderer tut" (252). Für diese Verlangen, das sich immer in der Begegnung als dem Initialzug der erotischen Pantomime aufhält, macht den Eifersüchtigen die Versklavung der Geliebten allererst frei. „Indem ich Albertine bei mir einschloß, hatte ich gleichzeitig der Welt ihre in allen Farben spielenden Flügel zurückgegeben, die sich auf Promenaden, auf Bällen und Theatern überall rauschend entfalten und für mich von neuem verführerisch wurden, weil Albertine ihrer Versuchung nicht mehr erliegen konnte" (256).

Es ist am Ende Marcel selbst, der uns in schmerzlicher Klarsicht mit dem Eingeständnis seines ungetreuen Wesens überrascht. Da heißt es: „Und dennoch hätte ich vielleicht, wäre ich selbst vollkommen treu gewesen, nicht unter Formen der Untreue gelitten, die ich mir in diesem Fall unmöglich hätte vorstellen können. Was ich mir aber unter Qualen bei Albertine ausmalte, war mein eigenes unaufhörliches Verlangen, neuen Frauen zu gefallen und mich neuen Abenteuern zuzuwenden, war, daß ich bei ihr jene Blicke voraussetzte, die ich neulich sogar an ihrer Seite unwillkürlich auf die jungen Radfahrerinnen geworfen hatte, die an den Tischen des Bois de Boulogne saßen. So wie es keine Kenntnis gibt außer der, die man aus sich selber hat, gibt es beinahe auch keine andere von der Eifersucht. Beobachtung spielt keine Rolle dabei. Nur aus der Lust, die man selbst verspürt hat, kommt einem Wissen und Schmerz" (584). Albertine verläßt ihn. Erst der 6. Band – am Anfang immer noch durchzittert von den rundum kreisenden Blinkfeuern der Eifersucht – teilt uns mit, daß sie stirbt. Und es wird unsere Vermutung beglaubigt: „Wäre sie aber tot, so hätte ich ... die Freiheit zum Leben wiedergefunden" (Bd. 6/96).

Eifersucht als ethische Fehlhaltung

Wir sind den Bewegungen der Eifersucht Nachgegangen bis zur Entwicklung jener süchtigen Fehlhaltung, die zur Verformung der Persönlichkeit, der vor allem von *Proust* so meisterlich ins Relief entfalteten spezifischen Unfreiheit eifersüchtigen Liebens führt. In dieser Seinsweise des Liebens kann die Vorerwartung eines möglichen Liebesverlustes nicht mehr im Vertrauen in das Geliebte zur Ruhe kommen. Diese Korrelation von Eifersucht und *Vertrauen* ließ das Phänomen Eifersucht in einer neuen Region zur Anschauung kommen; denn mit dem Vertrauen kommt die Reflexion auf das Ethische ins Spiel und läßt das Phänomen in der Region der *Freiheit* erscheinen. Waren wir der Eifersucht anfangs unter der Bestimmung ihrer *Natürlichkeit* begegnet – kennzeichnend vor allem in der Eifersucht des erstgeborenen Kindes auf das zweite – so ruft nun die im Menschen als natürlichem Wesen sich regende Eifersucht im Menschen als *sittlichem* Wesen das Ethische auf den Plan. Mit welchem Erfolg auch immer: das Ethische tritt in ein Verhältnis zur Unmittelbarkeit der leidenschaftlichen Regung. Das will heißen, daß der Eifersüchtige sich seiner Regung nicht einfach überlassen kann. Vielmehr kann die Eifersucht nun übergehen in ein Verhalten, worin der Betroffene das Geliebte mit dem Freimut der Freiheit auf seine Treue prüfen – und dann entweder seine mißtrauischen Proskokia revidiert, oder einen unabwendbaren Verlust leidend, in sein Dasein übernimmt. Die Eifersucht kann aber auch in ein Verhalten übergehen, in welchem der Eifersüchtige sich seinem Mißtrauen überläßt, d. h. ethisch gesehen: der Unfreiheit. Unter der Einwirkung des Ethischen löst sich die natürliche Eifersucht entweder auf, oder aber sie verwandelt sich in eine *Fehlhaltung*. Als natürliche Eifersucht ist die Eifersucht nie „abnorm"; das wird sie erst als sittliche Fehlhaltung, mit andern Worten: wenn ihr Verhältnis zum Vertrauen eine einseitige Verschiebung erfährt. Für den Fall des Neides läßt sich dieser Vorgang leichter verdeutlichen. Wenn dem anderen etwas zu eigen ist, das ich gerne besäße, so ist zweierlei möglich: es regt sich in mir der Neid als natürliche Regung, die sich in der Wendung ausdrückt: „Es blutet mir das Herz". Nun kommt das Ethische ins Spiel und macht mich frei zu der Bekundung: „Aber ich gönne es ihm doch". Darin ist die neidische Regung äquilibriert. Akzeptiere ich den ethischen Anspruch *nicht*, dann bleibe ich in der natürlichen Einstellung „Neid", die nun abnorm wird im Sinne einer ethischen Fehlhaltung. Wie stellt sich diese Bewegung im Falle der Eifersucht dar? Wenn es in der Ehe den Anschein hat, als drohe die Liebe zu entgleiten, so ist das Stichwort für die Eifersucht gefallen; denn vor allem für das schwache Selbst ist eine tiefe Liebe, in die es sich birgt, die größte Mehrung, Kräftigung, Stärkung. Angenommen, der Anschein sei so gering, daß der Ehemann sich schämt, ihn zur Sprache zu bringen, dann muß das Vertrauen die natürliche Regung zu entkräften wissen – oder aber der Ehemann muß sich äußern, um sich bei seinem Weibe Gewißheit zu holen. Geschieht beides nicht, so gerät er in eine durch sein Mißtrauen gekennzeichnete eifersüchtige Fehlhaltung, die schuldhaft ist; denn es ist Gebot, das der Selbstschwäche entfließende Mißtrauen in Zucht zu nehmen, und jene Region zurückzugewinnen, die in der communio des Vertrauens erreicht ist. Wird die Befürchtung der Untreue dringlicher, so regt sich die Vorerwartung stärker, und die Eifersucht wird heftiger. Gesetzt den Fall, daß der Verdacht sich bestätigt, so ist die Eifersucht im Recht. Sie ist dann – wie Kierkegaard sagt – „eine gerechte Indignation der edlen Liebe, in der sich Kummer und Empörung vermischen". Geht die Liebe *endgültig* verloren, so hört die Eifersucht auf, und es bleibt allenfalls die Trauer der Liebe über den Tod der Liebe. Gesetzt aber den Fall, daß der Verdacht grundlos ist, so wird die Eifersucht um so eindeutiger zu einer Fehlhaltung, desto weniger sich die *Vorerwartung* durch das Vertrauen entkräften läßt. Das Selbst entwertet hier zunehmend, worin es doch vor allem seinen Wert erfährt: die ihm zugeeignete Liebe. Es macht gleichsam die Nahrung ungenießbar, von der es sich selbst ernähren muß. Das aus dieser Fehlhaltung resultierende Verhalten hat *Burton* unübertrefflich drastisch geschildert: Der Eifersüchtige „... ist rastlos bei Nacht und bei Tage, ... voll ungerechtfertigter Vorwürfe gegen Dritte, versteht alles falsch, legt alles falsch aus, späht in jeden Winkel, möchte jedes Haar nachzählen. Seufzt, weint, weint und stöhnt zu Zeiten vor Ärger, schwört, flucht, droht, schielt, lärmt und lästert, zankt und zetert. Dann wieder schmeichelt er, redet süß, bittet um Verzeihung, küßt und kost, verwünscht seine Narretei und Heftigkeit, gelobt und schwört, er wills nie wieder tun. Dann plötzlich in seinem Ungestüm rast und röchelt er, schlägt um sich wie ein Irrer, stößt sie in die Seiten, schleppt sie wohl gar hinter sich her, jagt sie aus dem Haus, schickt sie fort, will sich scheiden lassen, sie ist eine Vettel etc. So gehts hin und her, je nach seiner Laune; aber meistens wütet und wettert er, beargwöhnt alle Welt, und nicht nur Fremde, sondern Brüder und Schwestern, Vater und Mutter und seine besten Freunde. Wie ein fischender Reiher späht er nach allen Seiten; wie eine Katze die Maus, läßt er sie nicht aus den Augen: wen sieht sie an? Wer sieht sie an? Was sagt sie, tut sie, läßt sie? Beim Mittagessen, Abendessen? Zu Hause, unterwegs? Warum lacht sie? Warum bemitleidet sie ihn, schmeichelt ihm? Warum trank sie diesem zu? Tanzte sie mit jenem? Sie ist eine Hure, eine Hure, eine schändliche Hure. Argus bewachte seine Kuh, der Drache sein goldenes Vlies und Zerberus die Hölleneinfahrt

nicht so eifrig, wie er seine Frau". Hier ist das eifernde Beanspruchen des Zugehörigen im eigentlichen Sinne *süchtig* geworden – im Sinne der *antizipierenden Eifersucht*. Dieses ständige Plagen mit grundloser Eifersucht ist noch nicht „pathologisch", wohl aber „abnorm" im Sinne der sittlichen Fehlhaltung, in die sich der Eifersüchtige hingleiten läßt. Krankhaft, pathologisch wird die Eifersucht erst in dem „*Augenblick*", wo der ethische Appell an das Vertrauen sich den Willen nicht mehr dienstbar machen kann. Mit anderen Worten: wo die Paroxysmen der Vorerwartung kurzschlüssig übergehen in die *Gewißheit* des Verlustes der Liebe bzw. des Bruches der Treue – und wo nun das Eifern sich ereifert, Beweise für die Untreue zu liefern.
So stehen wir erneut an der Schwelle des Eifersuchtswahns, hoffend, ein wenig Licht in das Dunkel seiner Voraussetzungen gebracht zu haben.

Bemerkungen zum Sprachgebrauch

Die etymologischen Untersuchungen der Brüder Grimm („Deutsches Wörterbuch", Leipzig, 1862/1922) zeigen, daß Eifersucht zunächst nur in dem Stamm „Eifer" zur Sprache gebracht wurde. Der erste Beleg dafür findet sich 1349 bei Konrad von Megenberg: „nu merk, eifraer, wie lieb du dein frawn habst". Auch Hans Sachs spricht von „Eifer" (um 1533) – ed. Göz 3, 40: „also lieb auch die fraw bei ehr – und hett der mann kein eifer mehr" – und ebenso wie um dieselbe Zeit Luther (um 1530) in den Tischreden (505): „alte menner sind gemeiniglich eiferer gegen iren weibern"; oder (433): „Italiener sind große, heftige eiferer, lassen ire weiber nit ausgehen unverhüllet".
Das Wort „eyffersucht" findet sich erstmals in den Fabeln von Hans Sachs (1533). Im 18. Jahrhundert ist der Wandel von „eifer" in „Eifersucht" allenthalben vollzogen. Man kennt sie nicht nur als Liebeseifersucht, sondern auch als eifersüchtiges Hüten von Ehre (z.B. bei Niebuhr – Kleine Schriften 1,6 – um 1800): „Niebuhr hatte in hohem grade altväterliche eifersucht für die ehre seiner landschaft". Aber auch ein geistiger Bereich kann eifersüchtig vertreten werden. So findet man z.B. bei Kant (1, 21) die Wendung: „ehrennamen, mit denen man philosophische sätze aus eifersucht gegen die geometrie ausschmückt".

Dementsprechend findet man auch bei Burton (307) die Eifersucht in anderen Bereichen wirken: „Saul war eifersüchtig auf David, Domition auf Agricola, aus Furcht, ihre Ehre möchte verdunkelt, ihr Ruhm übertroffen werden. Juno verwandelt Proteus' Töchter in Kühe, weil sie ihre Schönheit streitig machten".

Literatur

Büchner G. (1958) Woyzeck. In Werke und Briefe. Wiesbaden: Insel

Burton R. (1952) Schwermut und Liebe. Zürich: Manesse

Jaspers K. (1910) Eifersuchtswahn. Ein Beitrag zur Frage: „Entwicklung einer Persönlichkeit" oder „Prozeß"? Zs. Neur. 1, 567

Kierkegaard S. (1956) Die unmittelbaren erotischen Stadien oder das Musikalisch-Erotische. In: Entweder-Oder. I. Teil Ges. Werke. Düsseldorf, Köln, Diederichs

Kierkegaard (1958) In vino veritas. In: Stadien auf des Lebens Weg. Ges. Werke, Bd. XV. Düsseldorf, Köln: Diederichs

Mérimée P. (1960) Carmen. In Carmen und andere Novellen. Köln: Phaidon

Platon (1969) Philebos. In Sämtl. Werke, Bd. III. Köln-Olten: Hegner

Proust M. (1962) Auf der Suche nach der verlorenen Zeit. Bd. V.: Gefangene. Frankfurt/Main: Suhrkamp

Rad G. v. (1957) Theologie des Alten Testamentes. Bd. I. München: Kaiser

Shakespeare W. (1965) Othello. In Sämtl. Werke, Bd. III. Heidelberg: Schneider

Tolstoi L. N. (1956) Die Kreutzersonate. Übers. von Josef Hahn. In Die Kreutzersonate und andere späte Erzählungen. München: Winkler

Zusammenfassung der Paneldiskussion: „Was sucht der Süchtige“

B. Heitger, A. Längle, L. Tutsch

An der Diskussion nahmen teil:

Dipl.-Psych. Brigitte Heitger, Existenzanalytikerin;
DDr. Alfried Längle, Vorsitzender der GLE und Psychotherapeut/Existenzanalytiker in freier Praxis;
Dr. Liselotte Tutsch, stellvertretende Vorsitzende der GLE und Existenzanalytikerin in freier Praxis;
Prim. Dr. Albert Lingg vom Landesnervenkrankenhaus Valduna in Rankweil/Vorarlberg war verhindert;
Günter Funke, Psychotherapeut und Existenzanalytiker, wollte seine Gedanken zum Thema lieber in seinem Referat am Abend darstellen.

Zu Beginn der Diskussion wies *Prof. Dr. Nolberto Espinosa*, der das vorangegangene Referat gehalten hatte, nochmals auf zwei Aspekte von „*scheitern*“ hin: Erstens hieße scheitern, ein Ziel nicht zu erreichen; zweitens: ans Ende kommen, am Ende sein, zum Beispiel am Ende einer Aufgabe. Der Mensch wolle zwar, daß das Ende nicht käme, daß alles bliebe für immer, aber er sei doch ein endliches Wesen; ein „Sterblicher“, wie es früher hieß.
Prof. DDr. Hubertus Tellenbach sah *Sucht als Gegenpol zu Wagnis*. Wer scheitere, habe dieses Wagnis nicht unternommen.
Ja, das Wagnis als Sprung, stimmte ihm Prof. Espinosa zu. Im Mittelalter hieß „existieren“ geboren sein, in der Welt sein, ausgesetzt sein, aus dem Mutterleib herausgekommen sein. Das hieße Leben als Gefahr und Wagnis. Er meinte, die heutige Jugend sei unerfahren, aber sie glaube, schon alles zu wissen und sei nicht interessiert, die Welt weiter kennenzulernen. Zwar sei sie informiert, doch sei das allerdings nur „Erfahrung“ vom Hören. Diese Unerfahrenheit wäre bereits eine Form von Sucht – sie leb-

ten schon süchtig, weil sie kein Wagnis eingingen. Erfahrung haben aber sei das gleiche wie gelebt haben.

Dipl. Psych. Brigitte Heitger sah Sucht als verzweifelten Versuch, aus einer unbefriedigenden Situation herauszukommen, *an ein Ziel zu kommen unter Ausschluß der Realität*, und damit einen abgekürzten Weg zu gehen. Solche Ziele wären Geborgenheit, Akzeptanz und Erfolg; letzten Endes das Erleben sozialer Kompetenz und der Zuwachs an Selbstwert. Süchtige Persönlichkeiten versuchten, diese Ziele mit Hilfe der Droge zu erreichen. Diese könnten aber nicht direkt intendiert werden, sondern sie ergäben sich aus der Auseinandersetzung mit der Realität. Das Fatale sei, daß die Droge zwar das Gefühl vermittle, dem Ziel näher zu kommen, aber man gelange eben nicht wirklich hin. Durch den Ausschluß der Realität erlebe sich der Süchtige als inkompetent und sein Selbstwert werde immer geringer. Er scheue immer mehr den Kontakt mit der Umwelt. Im Extremfall münde seine Entwicklung dann in „wunschloses Unglück" – er könne sich nicht mehr vorstellen, ein Ziel aus eigenem Zutun zu erreichen und gebe die Suche auf.

„Warum verzichtet jemand auf Erfahrung und wagt sich nicht mehr hinaus in die Welt?" fragte *Dr. Liselotte Tutsch* zu Beginn ihres Beitrages. Aus der Praxis weiß sie, daß Süchtige eine niedrige Toleranzschwelle haben gegenüber unangenehmen Erlebnissen, die mit Erfahrungen des Scheiterns zusammenhängen. Ein typischer Ausspruch von PatientInnen sei zum Beispiel: „Es ist mir unvorstellbar, daß ich mich da dran wagen könnte, daß ich das tun könnte!" Die weitere Auseinandersetzung mit der Welt finde nicht statt. Der Süchtige suche permanent den *Zustand des Angenehmen, des Aushalten-Könnens durch die Droge* herzustellen. Die Droge käme ihm da entgegen, weil sie ihn in der Passivität belasse. Der Süchtige verfolge mehr das (negative) Ziel, *Scheitern und Mühevolles zu reduzieren* und loszuwerden. Das aber sei die falsche Richtung. Das Ziel des Süchtigen sei letztlich nur mehr die Unterbrechung des Schmerzes, der Trauer, des Scheiterns und nicht mehr der Blick hin auf die Erfahrung. Das Phänomen der Interesselosigkeit sah sie eher „als trotzige Begründung des Nicht-mehr-erfahren-Könnens". Das Nicht-ertragen-Können sei ein vernichtendes Gefühl.

Prof. Espinosa fragte, ob das *Lebensangst* sei?

Leben sei eine Erfahrung, die man wahrscheinlich nur einmal mache, und das bewirke ihre ungeheure Dringlichkeit, betonte *DDr. Alfried Längle.* Erstens erlebe der Süchtige, daß die Sucht einen *totalitären Anspruch* an den Süchtigen erhebt: er kann ihr nicht entkommen. Er sei „wie besessen". Zweitens sei sein Handeln ein Handeln zwischen dem eigenen *Wollen* und etwas *Fremdem.* Er erlebe es so: „Ich will das eigentlich nicht, aber ich muß!" – Und: „Dieses Fremde bin ich – es ist ein Teil von mir!" Drittens sei der Süchtige einseitig *fixiert auf ein Aufnehmen,* ein Inkorporieren. Dem Eßsüchtigen zum Beispiel gehe es um das Erleben und nicht um Nahrung. Sucht sei einerseits ein körpernahes Phänomen (zeige sich z.B. im Essen, Trinken usw.) und spiegle andererseits die eigene Bedürftigkeit wider. Der Süchtige empfinde sich als ein Verlangender mit einer ungeheuren Vitalkraft. Was will er erleben? Die Wirkung eines Stoffes an sich selbst und damit sich selbst. Das sei ihm nicht möglich ohne die Hilfe des Stoffes. Er bedürfe dieses *Stoffes, um Leben zu spüren; um sich selber wieder spüren* zu können, um sich selber wieder in einer Flexibilität zu erfahren anstelle des Eingekerkert-Seins in einen starren Gefühlzustand. Sucht müsse dann zur Gewöhnung führen, weil man immer auf Stoff angewiesen sei. Sie sei also ein „Erlebnishunger", ein Hunger danach, sich selber zu erleben. Viertens unterstrich er, daß sich ein Süchtiger als ohnmächtig erlebe, *ausgeliefert einer unwiderstehlichen Macht.* Diese entpuppe sich in ihrem Grunde als eine positive Macht. Denn „Sucht ist ein Leiden an der scheinbaren Uneinlösbarkeit der Forderung des Lebens." Was die *Forderung des Lebens* sei? Längle meinte, es bedeute *„vollständig" zu leben,* keine Bereiche auszusparen, die zum Leben gehörten.
(Dieses Statement bildet die Grundlage für die Ausführungen des Artikels von A. Längle/Ch. Probst: Was sucht der Süchtige?, der in diesem Band abgedruckt ist.)

Zusammengestellt von Emma Huber, Wien

Zusammenfassung der Podiumsdiskussion: „Was macht den Menschen süchtig?"

J. Berthold, G. Funke, R. Haller, W. Winklhofer, H. Zapotocky

An der Diskussion nahmen teil:

Prof. Dr. med. Hans Zapotocky, der Ordinarius für Psychiatrie in Graz;
Prim. Dr. med. Joachim Berthold, der Leiter der Suchtabteilung des Landesnervenkrankenhauses in Graz;
Prim. Dr. med. Reinhard Haller, der Primarius der Stiftung Maria Ebene in Frastanz in Vorarlberg, Suchtreferent des Landes Vorarlberg und Facharzt für Psychiatrie und Neurologie;
Dr. med. Walter Winklhofer als Psychiater und Psychotherapeut in freier Praxis;
Günter Funke, als Psychotherapeut und Leiter der Diskussion.

Prof. Zapotocky begann sein Statement gleich mit der Antwort auf obige Frage: „Ich weiß es nicht!" Er hätte nur Vorstellungen, welche Faktoren dabei eine Rolle spielten. Bei der Entstehung der Sucht würde ein Lebensinteresse im Laufe des Daseins so stark, daß alle anderen im Vergleich dazu als unwichtig zurückgedrängt würden. Als Beispiele nannte er die Sexualität in der Pubertät oder Goethe, oder auch Verhaltensweisen wie „werksüchtig" und „karrieresüchtig".
Wodurch wird es möglich, aus solchen „Süchten" wieder auszusteigen? Durch die Fähigkeit, sich wieder frei zu machen. Er selbst hätte sich immer wieder frei gemacht; ob immer nur aus eigener Kraft, das bezweifle er allerdings. Süchtige dagegen seien unfrei, denn sie entledigten sich der Freiheitsmöglichkeit. Prof. Zapotocky unterschied die „Freiheit von" von der „Freiheit wozu". Ein Süchtiger versuche, immer alles loszuwerden, weil er glaube, damit alle Chancen für eine Zukunft zu haben. Aber: „Wenn man alles los wird, dann hat man keine Zukunft!" Die „Freiheit von" müßte alle Chancen lassen für die „Freiheit wozu". In dem Sinne sei

der Süchtige unfrei, denn er hätte selbstverursachte Unfreiheit auf sich genommen.
Was macht den Menschen süchtig? Ist sein Freiheitsverständnis so stark? Zapotocky hielt es in diesem Zusammenhang für sehr wichtig, die Freiheitsfrage früh an den jungen Menschen heranzutragen, dann könne er sich entscheiden, seine Freiheit zu wollen.
Günter Funke verdeutlichte nochmals aus der Sicht der Existenzanalyse die Frage: Wenn sich ein Wert in den Vordergrund drängt – was kann ich tun, um mich wieder von ihm zu lösen, ohne alles zu verlieren?
„Scio ut nescio" („Ich weiß, daß ich nicht weiß"). Damit begann auch *Prim. Berthold* seine Ausführungen. Er meinte, Süchtige verharrten in Teilen ihrer Persönlichkeit in einer kindlichen Position, „ängstlich und entmutigt, sich der Gefahr des Experimentierens, des Sich-Aussetzens auszusetzen." Dabei verfügten sie aber über die Vitalität eines Kindes, über geballte Energien, die sie in selbstzerstörerischer Art gegen sich selbst richteten. Ihr herabgesetzter Selbstwert sei die Folge von zu wenig Ermutigung zur Existenz in bestimmten Lebensphasen, vom fehlenden Ja in dem Sinne: „Ja, es ist gut, daß es dich gibt!" In der Zeit vor der Abtreibung seien 60 % der Ehen sogenannte „Muß-Ehen" gewesen und er sagte, dieser Prozentsatz hätte sich nicht wesentlich verändert. Daher gebe es auch jetzt viele Kinder, bei denen nicht aus vollem Herzen Ja gesagt werde zu ihrer Existenz. Suchtkranke hätten das Gefühl, sie liefen ein Leben lang immer dem nach, daß endlich jemand Ja sage zu ihnen. Das führe zu einer Erwartungshaltung, die sich auch im Verhalten ausdrücke: alle anderen sollten sich ändern. Von sich selber erwarteten sie nichts. Je nach Stärke des Traumas gäbe es verschieden starke Ausprägungen des Hungers nach Anerkennung.
Heutzutage, meinte er, investierten wir sehr viel Energie in unsere „Fassaden": für den besser bezahlten Job, schöne Kleidung usw. So wäre es möglich, daß zum Beispiel aus einem Alkoholiker in der Folge ein Workoholiker würde.
Auch *Prim. Haller* betonte, er könne die anfangs gestellte Frage nicht beantworten, wolle aber einige Aspekte hinzufügen. Sucht sei ein Phänomen, das man auf allen Ebenen menschlichen Seins betrachten könne. Der Suchtkranke sei zum Beispiel signifikant häufiger der zweitjüngste in der Geschwisterreihe. Gesellschaftlich gesehen gehe es um die Frage: Wie verfügbar ist eine Droge?; politisch gesehen darum, ob man Drogen un-

beschränkt zur Verfügung stellen oder sie einschränken sollte. Das hätte Auswirkungen bis hinein in Entwicklungshilfe und Weltpolitik; das gehe hinein in religiöse Fragen, in philosophische und in weltanschauliche. Wenn ein Vertreter einer dieser Ebenen mit sektiererischer Gewißheit glaubt, daß das, was er gefunden hat, die einzig richtige Lösung sei, hält Prim. Haller das für eine große Gefahr. Er bezweifelte, ob es je eine allgemein verbindliche Suchttheorie geben werde. Sucht entstehe aus einem ganzen Ursachenbündel und sei „die letzte gemeinsame Endstrecke eines multikausalen Gefüges". Es sei die Frage, ob die Behandlung auch so vielschichtig geschehen müsse, oder ob etwa eine einzige Methode wie Logotherapie und Existenzanalyse auch helfen könne. Er verglich die ärztliche Suchtkranken-Behandlung mit der Behandlungsweise der mittelalterlichen Ärzte, die ihren Kranken als Medizin eine Mixtur aus vielen Bestandteilen verabreichten in der Hoffnung, eine davon würde gegen das jeweilige Leiden helfen. Jedenfalls könne von der Persönlichkeit, der Stärke der Motivation und dem Umfeld des Patienten her keine verläßliche Prognose über Erfolg oder Mißerfolg der Behandlung gestellt werden. Der Aspekt der Freiheit sei da offensichtlich viel bedeutsamer. In letzter Zeit würde aber neben der Freiheit v o m Suchtmittel auch die Freiheit z u m Suchtmittel – ein Suchtmittel einzunehmen – diskutiert. Alkohol zum Beispiel sei fast überall erlaubt, bewußtseinserweiternde Drogen hingegen nicht. Er sieht die Drogenproblematik als große Herausforderung, auch für die Zukunft. Die Produktion von Drogen stelle für manche Länder bisher die einzige Überlebenschance dar, sie würden ansonsten völlig verarmen. Für die Zukunft befürchtete er eine praktisch unbeschränkte Verfügbarkeit der Drogen, wie wir sie auch sonst bei suchtmachenden Elementen hätten, zum Beispiel beim Fernsehen. Die Frage sei, was könnten wir in der Prophylaxe der Suchtkrankheiten generell mehr tun?
Wichtig seien vermehrte Bemühungen im Bereich der Psychohygiene, in der Erziehung zum Beispiel im Umgang mit Süßigkeiten, Fernsehen, Taschengeld und ähnlichem. Dennoch befürchtete er, daß in Zukunft etwa ein Drittel der Bevölkerung auf die ständige Einnahme irgendwelcher Substanzen angewiesen und dadurch manipulierbar sein könnte.
Nach diesem Beitrag stellte *Günter Funke* die Frage, ob wir überhaupt noch von Heilung sprechen könnten, ohne die Ethik im Sinne der Verantwortung für andere miteinzubeziehen. Was könne man da noch tun?

Wichtig sei, daß jeder einzelne von uns sich betreffen lasse, dann könne er auch eine Antwort geben, die das „Ethische" beinhalte.
Dr. Walter Winklhofer schränkte ein, er sei kein Experte für Suchtproblematik; zu ihm kämen nur hin und wieder Patienten mit Suchtproblemen, zum Beispiel jemand, der Tranquillizer nimmt. Was den Menschen süchtig mache? Zum Beispiel das Gefühl, mit diesen Tabletten trotz Ängsten und Spannungen gut leben zu können. Ein Grund sei sicher auch noch im gesellschaftlichen Umfeld zu sehen, im Verlust von Traditionen, in die der Alkoholkonsum beispielsweise eingebettet war. Teilweise sei es auch auf eine Nachlässigkeit der Ärzte zurückzuführen, daß manchmal sehr leichtfertig gegen Probleme ein Tranquillizer verschrieben, es aber dann versäumt werde, weitere Schritte zu überlegen und allmählich diese Tranquillizer wieder abzusetzen. Weiters sei ihm aufgefallen, daß der zur Sucht neigende Patient eine wesensmäßige Tendenz hätte zum Grenzenlosen, Maßlosen, Unersättlichen. Dieser hätte sehr oft auch Schwierigkeiten im Umgang mit anderen Menschen, und gerade der Alkohol lockere ja so weit, daß es dem Betreffenden dann gelinge, in Kontakt zu treten. Eine dritte Tendenz sei, daß für einen Menschen mit süchtiger Haltung die Welt derart ungenießbar sei, daß er sie erst unter dem Einfluß einer chemischen Substanz als erträglich und genießbar erlebe. Außerdem sei der heutige Mensch im Vergleich zu früher wehleidig geworden. Er wolle keine Mühen mehr tragen, und trotz beeindruckender Leistungen etwa im Hochleistungssport sei die Tendenz da, es möglichst leicht, schnell und bequem zu haben. Das Aushalten von Schwierigkeiten und Mühen scheine aus der Mode gekommen zu sein. Schließlich: Wie solle ein Patient die Freiheit ergreifen, wenn er oft überhaupt nicht mehr sehe, daß er noch Freiheit hätte?
Günter Funke meinte, angesichts des Gehörten sei es erstaunlich, wenn es jemand trotzdem schaffe, von der Droge wegzukommen; wenn er sich aufmache und es wage.
In der Antwort auf Anfragen der Zuhörer ergänzte *Prim. Berthold* sein Statement um zwei weitere wesentliche Punkte: Es gäbe Menschen, die „zufällig" zum Alkohol kämen; weiters solche, die ihre Mutterbindung noch nicht abgelegt hätten. Diese sollte man dazu führen, erwachsen zu werden.

Prof. Zapotocky formulierte die Frage der Abhängigkeit therapeutisch wirksamer als Frage: „Wovon bin ich abhängig? Was engt mich ein?" Das eröffne eine Chance für Veränderung.
In seiner abschließenden Stellungnahme zum Thema wies *DDr. Alfried Längle* darauf hin, daß es Abhängigkeit im positiven und im negativen Sinn gebe, manche Abhängigkeiten seien sogar vital und bereichernd! Das Problem der süchtigen Abhängigkeit sei die eingeschränkte Freiheit; wenn man zu dem, was man tue, nicht mehr stehen könne – es nicht mehr verantworten könne. Dennoch sei die primäre Frage: „Tust du das, was du willst?" Wenn das so sei, dann bestünde keine Notwendigkeit für Psychotherapie; ansonsten machten wir uns zu Schergen des Zeitgeistes oder einer sozialen Norm.

Zusammengestellt von Emma Huber, Wien

Modell einer existenzanalytischen Gruppentherapie für die Suchtbehandlung

Alfried Längle

Abstract:
Gruppentherapie hat einen erprobten Stellenwert für die Behandlung von Suchtkrankheiten. Nach einer kurzen Reflexion der Bedeutung logotherapeutischer und existenzanalytischer Gruppenarbeit für den Therapieprozeß wird das Setting und die Struktur der existenzanalytischen Gruppenfragen dargestellt. Der Hauptteil bezieht sich auf die strukturierte Auflistung jener persönlichkeitsrestrukturierenden Fragen, die auf dem existenzanalytischen Hintergrund erarbeitet worden sind und die basalen Inhalte der personalen Grundmotivationen darstellen.

Einleitung

Die psychotherapeutische Behandlung Suchtkranker wird stationär wie ambulant gerne und mit guten Gründen über weite Strecken in Gruppen durchgeführt (vgl. z.B. Heigl-Evers 1991; 1995; Osterhold, Molter 1992). Dabei wird schulenspezifisch von unterschiedlichen Annahmen ausgegangen, weshalb Gruppentherapie gerade für Suchtkranke von besonderer Bedeutung sei.

Die Tiefenpsychologie hält die Katharsis und Übertragung für die Entwicklung eines guppendynamischen Prozesses für wichtig, in welchem die suchtmachenden, libidinösen Fixierungen konflikthaft wiedererlebt und im Gruppenprozeß gelöst werden können.

Die Verhaltenstherapie sieht hingegen im Gruppensetting eine Lernsituation mit besonderen Verstärkermomenten, die das Löschen von konditioniertem Verhalten fördern und das Modellernen sowie die kognitiven Umstrukturierungsprozesse fördern. Die Gruppe stellt eine Lern- und Übungssituation für ein neues Verhalten dar.

Für die Gesprächspsychotherapie nach C. Rogers bietet die Gruppe einen Begegnungsraum, der der einzelnen Person Anstoß und Entwicklungsmöglichkeiten gibt für die Entfaltung latenter Potentiale, die als entwicklungsbezogene Behinderungen den Boden für Sucht darstellen.
Die systemischen Richtungen versuchen mit Hilfe der Gruppe die familiäre Stellung und Bindung zu erkennen und zu einer Neupositionierung im gesellschaftlichen System zu führen.

In der Existenzanalyse und Logotherapie wird Sucht als *Kompensationsversuch* eines *Mangels an existentieller Erfüllung* angesehen. Frankl sieht dabei den logotherapeutischen Aspekt als maßgebend an, wenn er von Sucht als unspezifischer Folge des existentiellen Vakuums und der Sinnlosigkeitsgefühle spricht (z.B. Frankl 1986, 80ff.; 1991, 83f.). Das existentielle Vakuum und das Sinnlosigkeitsgefühl können – diesem Ansatz entsprechend – in rein *logotherapeutischen Gruppen* behandelt werden. Logotherapeutische Gruppen zielen auf das gemeinsame Suchen von möglichen sinnvollen Lebensinhalten ab, auf den Austausch von konkreten Werterfahrungen und auf die Reflexion von Glaubenshaltungen, die die personale Auffassung des Sinnzusammenhanges des ganzen Lebens wiedergeben. Dadurch wird versucht, dem existentiellen Vakuum positive Sinnbezüge entgegenzustellen und der Sucht den Boden zu entziehen. Denn die Logotherapie sieht das Hauptproblem der Sucht darin, daß ihr keine wirksamen Gegenkräfte entgegengestellt werden können, die sinnvoller erlebt würden als die Sucht selbst. Ein solches existentielles Vakuum kann beispielsweise im sozialen Kontext durch Beziehungsbrüche, Arbeitslosigkeit, Pensionierung, Verwahrlosung auftreten oder bei Sinnverlust in rein individuellem Rahmen wie durch Krankheit, Vereinsamung, geistige Orientierungslosigkeit. Von besonderer Bedeutung ist die logotherapeutische Gruppenarbeit natürlich in der Prophylaxe, also z.B. in der Pädagogik oder in der Erwachsenenbildung, in Seminaren der Arbeitsmarktförderung usw.

Existenzanalytische Gruppentherapie

Die mangelnde existentielle Erfüllung ist jedoch nicht nur auf das Abhandenkommen existentieller Inhalte (Sinn und Werte) zurückzuführen.

Diese bilden in einem existenzanalytischen Verständnis zwar das Umfeld der Suchtkrankheit, durch das eine vorhandene individuelle Bereitschaft zur Sucht im günstigen Falle aufgehalten und im ungünstigen Falle ins Rollen gebracht wird. Gehen die die Sucht hintanhaltenden Werte und Sinnbezüge verloren, dann wird die innere Leere spürbar und sie kann ihre Pathogenität entfalten. Verlockende Ersatzbefriedigungen durch süchtigmachende Stoffe oder Verhaltensweisen verheißen dann eine Linderung oder Kompensation der leidvollen Leere. M. a. W., die Ursache der Suchtkrankheit ist existenzanalytisch gesehen primär jene innere Leere der Persönlichkeit, die sekundär durch den Wegfall von Sinnbezügen zum „Einklinken" in das Suchtverhalten führt. Erst dann kommt es nämlich zu jenem Verhalten, das die Sucht kennzeichnet und das durch die vorherrschende geistige Beschäftigung mit der Beschaffung des Suchtmittels und durch die geistige Ausrichtung auf das binnenhafte Innen-Erleben (Längle, Probst 1997) geprägt ist.
Wenn sich das Bild der Suchtkrankheit, das hier nur kurz entworfen wurde (vgl. die ausführlicheren Beschreibungen in diesem Band), so darstellt, dann wird es verständlich, daß es neben der logotherapeutischen Suche nach Sinn einer *kausalen persönlichkeitsorientierten Therapie* bedarf, die die primäre Wurzel der Krankheitsentstehung, das Unerfülltsein der Person in ihrem Erleben und Handeln und in ihren Einstellungen, angeht. Dafür kann (neben Einzeltherapie) auch existenzanalytische Gruppentherapie eingesetzt werden. Ein persönlichkeitsrestrukturierendes Modell von existenzanalytischer Gruppentherapie wird in der Folge erstmals publiziert. Es entstand aufgrund von Gruppenerfahrungen in der Ausbildung von Psychotherapeuten und von Selbsterfahrungsgruppen auf der theoretischen Basis der Grundmotivationen ab ca. 1989 und insbesondere ab 1992. Das Modell wird vorgestellt, ohne daß bisher Erfahrungen auf seine klinische Anwendbarkeit und Effizienz in der Suchtbehandlung vorlägen. Derartige Rückmeldungen und Studien zu erhalten, ist einer der Gründe für diese Publikation. Ein anderer ist, daß sich dieses Modell wahrscheinlich – mit vielleicht nur geringfügigen Veränderungen – auch in anderen klinischen (und nicht-klinischen) Settings anwenden läßt und auch hier eine breite Erfahrungsrückmeldung erwünscht ist. Schließlich ist auch eine theoretische Diskussion dieser Methode, die aus einem Herzstück neuerer existenzanalytischer Motivationstheorie erwachsen ist, erwünscht.

Abriß zum theoretischen Hintergrund

Die Suchtentstehung hängt vom Zusammenspiel dreier Kategorien ab (vgl. 74):
1) individuelle Suchtbereitschaft
2) stoffliche Suchtpotenz
3) öko-sozio-kulturelles Suchtmilieu

Während Punkt 2 und 3 medizinische bzw. sozialpsychiatrische, sozialarbeiterische, psychotherapeutische und pädagogische Interventionen verlangt, ist die Auseinandersetzung mit der individuellen Suchtbereitschaft alleinige Aufgabe der Psychotherapie. Ihr wendet sich die existenzanalytische Gruppentherapie in erster Linie zu; indirekt und über die individuelle Kompetenz-Entwicklung auch dem dritten Punkt.
Da die Person aber niemals eine statisch-fixe Größe ist, sondern immer in Bezügen und im Austausch steht und sich im Fluß der Veränderungen befindet, sind neben der (eher statischen) *Suchtbereitschaft* auch *weitere Faktoren* der Suchtentwicklung im Spiel:
- suchtauslösende Faktoren, durch die aus der Sucht-Bereitschaft ein reales Suchtverhalten wird (z.B. Enttäuschungen, Konflikte, Verletzung usw.)
- suchterhaltende Faktoren (z.B. Dauerstreß, Dauerkonflikt, Lern- und Gewöhnungseffekte, Stoffwirkungen, Abbauprozesse usw.)
- suchtfördernde Faktoren (z.B. Vorbildwirkungen, Peerdruck, gewisse Berufe usw.)

Inmitten dieser Bedingungen und Dynamiken steht als zentrale, entscheidende Größe die Person: sie ist es, die entscheidet oder entscheiden könnte, ob es zur Sucht kommt oder nicht.

Existenzanalytische Therapie rekurriert auf die Entscheidungsfähigkeit der Person bzw. auf ihre (Wieder-)Herstellung. Diese kann auf mehreren Ebenen der personalen Motivationsstruktur blockiert oder unentfaltet sein. In der Gruppentherapie werden diese Ebenen, die „Grundbedingungen personaler Existenz“, systematisch durchgegangen und hinsichtlich ihrer Potenz wie auch ihrer Pathogenität beleuchtet.

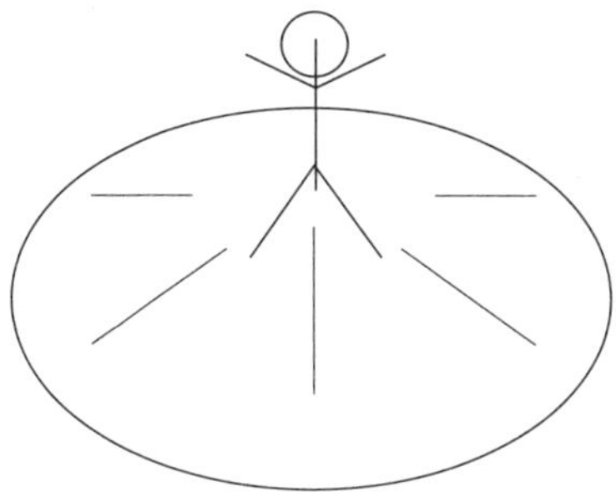

Abb. 1: *Inmitten der Umstände seines Lebens erhebt sich als entscheidende Größe die Person: sie hat die Wahl zu treffen, wie sie leben will.*

Im Falle der Sucht wird in der existentiellen Denkrichtung die innere Unerfülltheit (Leere) als zentraler Entstehungsfaktor von Seiten der Person beschrieben (vgl. 74).
Die innere Unerfülltheit entsteht ganz generell über zwei Schienen: durch Traumatisierungen/Belastungen und durch fehlende Entfaltung der Persönlichkeit. Existenzanalytisch gesehen münden beide in eine gemeinsame Endstrecke, nämlich in eine nicht vollzogene Einwilligung in die Grundbedingungen menschlicher Existenz bzw. in eine Hemmung des Lebensvollzugs personaler Grundmotivationen. Anders gesagt: sowohl Traumatisierungen und schwere Belastungen als auch unreife, stagnierende Persönlichkeitsentwicklungen führen zum Fehlen der

1. Einwilligung in die Bedingungen und Möglichkeiten menschlicher Existenz (**„Ja zur Welt“**)
2. Einwilligung in das mit Leiden verbundene Lebendigsein (**„Ja zum Leben“**)
3. Einwilligung in die Andersartigkeit, Unverwechselbarkeit und Abgegrenztheit der Person (**„Ja zum Selbstsein“**)
4. Einwilligung in die Herausforderungen und Angebote der Situation (**„Ja zum Sinn“**).

Diese Aufzählung stellt die 4 Grundbedingungen für den Aufbau und Vollzug menschlicher Existenz dar. Mit etwas anderen Worten sind die zentralen Themen in den Grundbedingungen erfüllter Existenz:

1. Annahme der **Faktizität** der Bedingungen
2. Zuwendung zum Leben als **Kraft**
3. Wertschätzung und **Authentizität** der Person
4. Sich-Einlassen auf den **Sinnanspruch** der jeweiligen Situation.

Dies sind auch die Themen, die in der existenzanalytischen (Gruppen)-Therapie zum Einsatz kommen. Die These ist nun, daß das Nichtlebenkönnen einer oder mehrerer dieser Grundbedingungen erfüllter Existenz zu psychischen Störungen und Spannungsfeldern führt, die den Boden für die Suchtkrankheit darstellen. Unter diesen vier Grundbedingungen für die Existenz dürfte für die Suchtkrankheit insbesondere der Mangel in der 2. Grundbedingung und (in der Folge) die Sinnebene, also die 4. Grundbedingung, von Bedeutung sein, wie Frankl schon postuliert hat. Da diese vier Grundelemente personaler Existenz wie Stufen zum Teil aufeinander aufruhen und einander zur Voraussetzung haben, wird das systematische und aufbauende Durchgehen aller vier Bedingungen der Existenz hilfreich sein. Auf jeder Ebene wird man auf gelungene Lebensvollzüge wie auch auf traumatisierte oder nicht ganz zur Entfaltung gebrachte Fähigkeiten stoßen.
Das Ziel der Gruppenarbeit ist die Entfaltung der Person mit ihren grundsätzlichen Fähigkeiten, durch die sie in der Welt der Sinn- und Wertbezüge, der Hoffnung und Verzweiflung zurechtkommen kann. Die Hinführung zur **authentischen Existenz** wird als bester Schutz vor der Sucht angesehen.
Von einer existenzanalytischen Gruppentherapie können wir nun erwarten, daß das Suchen nach Klarheit über die Bedingungen erfüllter Existenz und das Ringen um Entscheidung für diese Grundbedingungen einen synergetischen Effekt auf die einzelnen Gruppenmitglieder hat und in einer viel dichteren Atmosphäre stattfindet, als dies im Einzelrahmen möglich ist. Durch die individuellen Erfahrungen der Teilnehmer zum Thema, die sich einmal als Problem und ein anderes Mal als gelungene Erfahrung darstellen, erhält jedes der Grundelemente einen vielfältigen Zugang, wird besser ausgeleuchtet und plastischer erlebbar als im Einzelsetting.

Aufbau der Gruppentherapie

Die Therapie kann im Rahmen eines mehrwöchigen stationären Aufenthaltes so zum Einsatz kommen, daß z. B. für jeden der 4 Schritte zwei Wochen veranschlagt werden. Aus den bisherigen Erfahrungen in anderem Rahmen ist es günstig, drei bis fünf aufeinanderfolgende Tage mit häufigen Gruppenstunden zu haben und dazwischen einige Tage (z. B. das Wochenende) Pause zu lassen. Bei einer Gruppengröße von 10 Personen dürften 2 Stunden pro Tag die untere Grenze für eine effektive Arbeit sein. Optimal dürfte die folgende Aufteilung sein:

1. Tag: 2 Stunden
2. Tag: 3 Stunden
3. Tag: 4 Stunden
4. Tag: 5 Stunden
5. Tag: ganztags
6., 7. Tag: frei

Entsprechende Erfahrungen mit Alkoholgruppen sind aber erst noch einzuholen und könnten zu einem modifizierteren Setting führen.

Günstig ist es, wenn die Gruppe von 2 Personen, womöglich einem Mann und einer Frau, geführt wird. Dadurch haben die Gruppenteilnehmer breitere Ansprechmöglichkeiten auf Seiten der Gruppenleitung. Die Gruppenleiter haben die Aufgabe, die Gruppe zu strukturieren, Fragen einzubringen und zu erläutern, den Austausch zu fördern, bzw. bei Verletzungen und Übergriffen rechtzeitig schützend einzugreifen. Der Schutz des Einzelnen und die Schamgrenze jeder Person ist unbedingt zu gewährleisten und im vorhinein offen mit der Gruppe zu besprechen und zu diskutieren. Die Gruppenleiter stellen einen Garant für die Einhaltung der aufgestellten Gruppenregeln dar, die einzelnen Gruppenteilnehmer sind zur verantwortlichen Kontrolle des Gruppengeschehens aufgefordert.

Der Einsatz der Gruppentherapie im ambulanten Bereich muß sich oft an die formalen Gegebenheiten des Settings und die zeitlichen Möglichkeiten der Teilnehmer richten. Es empfiehlt sich, zumindest einmal bei jedem Block zu der Hauptfrage einen Halb- bzw. Ganztag einzurichten, um eine größere Dichte und Tiefe im emotionalen Erleben zu erreichen.

Struktur der Gruppenfragen

1.O. Der empfangende Anstoß von außen und die Wechselwirkung mit außen

- 1.1 Die Grundfrage (allgemeinste Form, wie sich die Frage stellt)
- 1.2 Beziehungsaspekt
- 1.3 Konkretion: Erlebbarkeit heute
- 1.4 Verstehen der Essenz der Grundmotivation

2.O. Das aktive Vollziehen der Grundmotivation und das Erleben von innen

- 2.1 Die Grundfrage auf andere Menschen bezogen
- 2.2 Die Frage auf sich selbst bezogen und Problembereich
- 2.3 Entschiedenheit und Praxisübung

3.O. Sich selbst in Empfang nehmen auf der Basis der Grundmotivation: sich stellen

- 3.1 Stellenwert der Grundmotivation im Leben
- 3.2 Entscheidung für oder gegen die Grundmotivation – die eigene Haltung zur Grundmotivation
- 3.3 Das tiefste Spüren der Grundmotivation

4.O. Beleuchten der Pathologie der Grundmotivation – Sicherung der Grundmotivation durch das „Fenster der Erschütterung", dem Leiden an ihr.

- 4.1 Beziehungsaufnahme zum erlebten Mangel an der Grundmotivation
- 4.2 Ansprechen des größten erlebten/befürchteten Leides in der Grundmotivation
- 4.3 Hauptelement der therapeutischen (Selbst-)Hilfestellung

Die erste Grundmotivation: das SEIN-KÖNNEN

Die **1. Grundmotivation** bezieht sich auf das Sein in jener **Welt**, in die der Mensch hineingeboren ist. Sie ist vor dem Menschen da, ist ihm vorgegeben. Die Welt gibt dem Sein des Menschen die *Möglichkeit* zu existieren, gibt ihm den Boden, den Raum, den Halt, den Schutz. Zugleich aber stellt diese Welt ihm auch *Bedingungen*, stellt ihn vor Ungefragtes, Unerwünschtes, Unabänderliches, Bedrohliches, womit sich der Mensch auseinandersetzen muß, um dasein zu können. Die Welt ist Ermöglichung (Freiraum) und Verhinderung zugleich (Widerstand, der sich dem menschlichen Dasein entgegenstellt). Sie ist der Rahmen für die Existenz: wie jeder Rahmen gibt sie Fläche frei und begrenzt sie zugleich.
Da alles Physisch-Materielle welthaft ist, wird auch der Körper des Menschen hier eingeordnet.

Zentrales Thema der 1. Grundmotivation:

DASEIN KÖNNEN

Psychologisch geht es um die Dynamik:

ANGENOMMEN SEIN/ANNEHMEN KÖNNEN

Die vier Ebenen der Bearbeitung in der Gruppe:

I. Der Anstoß der Grundmotivation von außen: Das Angenommen-Sein

1.1.1 Wo *kann ich sein?* Wo gibt es **Orte** für mich, wo ich ruhig werden kann, wo ich mich sicher und geschützt fühle?
- Kann ich hier in der Gruppe sein? Habe ich hier den Raum, den ich brauche?
- Draußen in meiner täglichen Welt? – Wo?
- Wo nicht?
- Wo konnte ich früher sein und mich aufhalten (biographische Lebensräume)?
- Gibt es Orte der Geborgenheit und Sicherheit, wo ich mich als Kind zurückgezogen habe?
- Habe ich jetzt Orte oder einen Raum, der mir gehört?

Methodische Mittel: Imagination, Hypnose, Berichte/Erzählungen, Beschreibungen, Träume, Malen ...

1.1.2 Von wem bin ich angenommen?
- Wie geht es mir dabei? [Erfahrung von Raum und Schutz]
- Wie oft pflege ich Kontakt mit diesen Menschen?
- Was tu ich dort – kann ich den Raum annehmen und mich sein lassen und es genießen? Gibt es Probleme (Erschrecken, Verunsichertsein, Erstarrung, Angst)?

1.1.3. Was gibt mir **Halt** in meinem Leben – was kann ich jetzt endlich als Halt spüren?
[Ergebnis: Körper und Boden, Beziehungen, innere Haltungen, Aufgaben und Beruf, Glaube]
- Gibt es Regelmäßigkeiten, Strukturen in meinem Leben? Wie erlebe ich sie?
- Habe ich Menschen, denen ich vertraue, auf die ich mich verlassen kann? Tu ich es, und welche Erfahrungen hab ich damit?
- Enttäuschungen des Vertrauens.

1.1.4 Was heißt für mich „angenommen sein“ bzw. „annehmen“? Was geschieht da, und was tu ich dabei?
- Sammeln der Erfahrungen
- Existenzanalytisches Verständnis: Sein lassen: Geschieht durch Raum geben und eigenen Raum einnehmen: „ich kann sein, du kannst sein, wir können beide sein.“

II. Das Erleben der Grundmotivation von innen: Das Annehmen

1.2.1 Welche Menschen kann ich annehmen? Wem kann ich problemlos Raum geben/lassen?
- Hier in der Gruppe?
- Draußen in meiner Welt?
- Früher?
- Wem nicht?

1.2.2. Was in meinem Leben (in meiner Welt) kann ich gut annehmen? Was nicht?
- Erfahrungen, Leid, Krankheiten, Gefühle
- Körper

- äußere Umstände
* Wie gehe ich damit um?

1.2.3 Kann ich ruhig werden, nichts tun, mich sein lassen, in mir ruhen? (Gruppenübung, ev. meditativ geleitet)

III. Sich selbst in Empfang nehmen auf der Basis der Grundmotivation: sich stellen

1.3.1 Bei welchen Aufgaben und Handlungen habe ich das Gefühl, daß ich für sie geeignet bin und Fähigkeiten habe? Wie sehr achte ich darauf?
[Stellenwert des Könnens bzw. des Sachbezugs; an der richtigen Stelle sein im Leben]

1.3.2 Wie ist es für mich: Kann ich meine Welt annehmen und wirklich sein in ihr? Habe ich meinen Raum und Ort und Halt?

1.3.3 Wenn ich ganz tief in mich heineinhorche: Welche Antwort kommt da in mir auf, wenn ich mich frage: „Fühl ich mich getragen und gehalten in dieser Welt?"
[Seinsgrund, Grundvertrauen]

IV. Die Pathologie der Grundmotivation beleuchten: Ängste ansprechen

1.4.1 Kenne ich Ängste? Welche? Wie oft? – Wie gehe ich mit ihnen um?

1.4.2 Was ist meine größte Angst?

1.4.3 Angstkonfrontation: Was würde passieren, wenn es einträte? Was würde ich dann tun?
(Ev. Weiterführung in Einzeltherapie)

Die zweite Grundmotivation: WERTSEIN-MÖGEN

Die **2. Grundmotivation** bezieht sich auf das **Leben**, an dem der Mensch teilhat und das in ihm pulsiert.
Das Leben gibt dem Sein des Menschen die Kraft (Lebensenergie, „Vitalität"). Dank seiner Vitalkraft ist es dem Menschen möglich, Gefühle zu haben, Nähe, Wärme und Werte zu erleben, Beziehungen emotional zu empfinden. Zugleich bringt die Lebendigkeit aber auch das Empfinden von Leid, Schmerz und der *Schwere des Lebens* mit sich. Das stellt den Menschen vor Unliebsames, Wertloses, vor Verluste und Belastungen, die mit dem Leben, den Werten und den Beziehungen verbunden sind und mit denen er sich auseinandersetzen muß, um leben und lieben zu können. Das Leben ist Bereicherung (Zugang zur Wertewelt) und Belastung (Verlustgefahr) zugleich. Die 2. Grundmotivation ist somit die Kraftquelle für das Erleben und Handeln und bildet als solche den Rahmen der Emotionalität.

Zentrales Thema der 2. Grundmotivation:

DAS LEBEN ALS WERT MÖGEN/WERTSEIN

Psychologisch geht es um die Dynamik:

ZUWENDUNG ERHALTEN/MÖGEN

Die vier Ebenen der Bearbeitung in der Gruppe:

I. Der Anstoß der Grundmotivation von außen: Die Zuwendung

2.1.1 Bei wem mag ich gerne sein? Wer mag mich gerne bei sich?
- Hier in der Gruppe?
- Draußen?
- Früher (biographisch)?
- Bei wem nicht?

Methodische Mittel: Imagination, Hypnose, Berichte, Träume, Malen, Gestalten etc.

2. 1. 2 Von wem erhalte ich **Zuwendung**?
- Wie geht es mir dabei?
  [Erfahrung ist: lebendiger werden]
- Wie oft gehe ich dahin? – Was tu ich dafür?
- Was tu ich dort? – Kann ich es annehmen und genießen? Gibt es Probleme (Bedrücktsein, Belastetsein, Depression)?

2. 1. 3 Was gibt mit heute **Wärme** – was macht es in mir warm?
[Ergebnis: Nähe, Berührung, Beziehung]
- Wo könnten Beziehungen sein, die mir Wärme geben?
- Was waren in meinem Leben Beziehungen, die mir Wärme gegeben haben?
- Enttäuschungen der Zuwendung.

2. 1. 4 Was ist für mich „Zuwendung"? Was geschieht da mit mir und was tue ich dabei?
- Sammeln der Erfahrungen
- Existenzanalytisches Verständnis: Erfahrung des Wertseins und Mögens: geschieht durch Zeit haben und Mit-Fühlen (Nähe aufnehmen).

II. Das Erleben der Grundmotivation von innen: Zuwendung geben

2. 2. 1 Welchen Menschen gebe ich Zuwendung? – Wem kann ich problemlos Nähe geben?
- Hier in der Gruppe?
- Draußen in meiner Welt?
- Früher?
- Wem nicht?

2. 2. 2 Was an mir mag ich (Körper, Gefühle, Verhalten) – was nicht?

2. 2. 3 Mag ich mir nahe sein, mich innerlich an mich drücken, mir Zeit für mich nehmen?
(Gruppenübung, ev. meditativ geleitet)

III. Sich selbst in Empfang nehmen auf der Basis der Grundmotivation: sich stellen

2. 3. 1 Bei welchen Aufgaben und Handlungen habe ich das Gefühl, daß ich sie mag und daß sie mir wichtig (wertvoll) sind? – Wie sehr achte ich darauf?
[Stellenwert des Mögens bzw. Werterlebens im Leben]

2.3.2 Wie ist es für mich: Mag ich eigentlich leben? Mag ich dieses Leben mit seinen Freuden und seinem Leid und seiner Last tragen?
2.3.3 Wenn ich ganz tief in mich hineinhorche: Welche Antwort kommt da in mir auf, wenn ich mich frage: „Ist es gut, daß es mich gibt? Wie ist das für mich?“
[Grundwert]

IV. Die Pathologie der Grundmotivation beleuchten: Depressionen ansprechen

2.4.1 Kenne ich das schwere Gefühl? – Wie oft? – Wie gehe ich um mit ihm?
2.4.2 Habe ich mich schon einmal ganz niedergedrückt und ohnmächtig gefühlt?
2.4.3 Kann ich den Wertverlust anfühlen und über ihn weinen (trauern)? (ev. Weiterführung in Einzeltherapie)

Die 3. Grundmotivation: SOSEIN-DÜRFEN

Die 3. **Grundmotivation** bezieht sich auf die **Person,** die der Mensch ist, ohne sie gemacht zu haben oder festlegen zu können. Er kann sich nur immer neu finden und sich zu sich als Person stellen. Sie stellt ihn vor die Wahl: sich selbst zu sein oder sich im Leben nicht angetroffen zu haben. Die Person gibt dem Menschen die Möglichkeit der *Beziehung zu sich selbst*, gibt ihm die unverwechselbare, einzigartige Identität (sein „Sosein"). Seine einmalige Wesensart und Ursprünglichkeit ermöglicht ihm ein zu sich selbst konkordantes, „echtes" Verhalten und Entscheiden (Authentizität, Selbstwert). Dank seines einmaligen Wesens vermag er dieses im anderen aufzuspüren und kann daher dem anderen als Person begegnen. So besitzt die Person natürliche Autorität und Würde.
Das Personsein führt den Menschen damit gleichzeitig in Vereinzelung, grenzt ihn ab als andersartigen, besonderen. Er steht als Person alleine in der Welt, sieht vor sich Vereinsamung, Rivalität, Verletztheit, Entfremdung, Nicht-beantwortet-Sein, Trostlosigkeit und Verlassensein.
Personsein ist die Fähigkeit zum Antwortgeben aus einem unfaßbaren Ursprung heraus (Verantwortung) und bedeutet zugleich verletzbare Ich-Identität (Selbstverlust). Die 3. Grundmotivation erschließt dem Menschen die unauslotbare Tiefe und Ursprünglichkeit seiner selbst.

Zentrales Thema der 3. Grundmotivation:

SO SEIN DÜRFEN/SELBSTSEIN

Psychologisch geht es um die Dynamik:

WERTSCHÄTZUNG ERHALTEN/WERT SCHÄTZEN

Die vier Ebenen der Bearbeitung in der Gruppe:

I. Der Anstoß der Grundmotivation von außen: gesehen werden

3.1.1 Gibt es Menschen (Begegnungen), wo es mir möglich ist, so zu sein, wie ich bin? Kenne ich Begegnungen, wo dies erlaubt oder erwünscht ist, wo ich ganz „ich" bin?

- Hier in der Gruppe?
- Draußen?
- Früher (biographisch)?
- Bei wem nicht?

3.1.2 Habe ich Menschen, die für mich eintreten, die zu mir stehen?
- Wie geht es mir dabei? [Selbstwert, Echtheitserfahrung]
- Pflege ich diese Begegnung?
- Wie verhalte ich mich in diesen Begegnungen – kann ich das annehmen und mich dabei wohl fühlen?
- Gibt es Probleme (sich schämen, verletztsein, Verachtung, Trostlosigkeit)?

3.1.3 Bei wem erlebe ich **Wertschätzung** – was gibt mir Selbstachtung? [Gesehen werden, Achtung bekommen, Begegnung von Person zu Person]
- Werde ich ernstgenommen?
- Wer waren die Menschen in meinem Leben, die mich ernstgenommen haben?
- Enttäuschungen?

3.1.4 Was ist für mich „Achtung der Person"? – Was geschieht da und was tu ich dabei?
- Sammeln der Erfahrungen
- Existenzanalytisches Verständnis: Sosein dürfen: geschieht durch An-sehen (Distanznahme) und Hin-spüren auf den Inhalt/das Eigentliche/das Wesen. Respekt vor der Einzigartigkeit der Person und ihren Entscheidungen; Würde.

II. Das Erleben der Grundmotivation von innen: Wertschätzung geben

3.2.1 Welche Menschen schätze ich?
- Hier in der Gruppe?
- Draußen in meiner Welt?
- Früher?
- Welche nicht?

3.2.2 Was schätze ich an mir (Körper, Gefühle, Verhalten) – was nicht?

3.2.3 Kann ich mich ansehen, innerlich auf Distanz zu mir treten und mir gegenübertreten?
(Gruppenübung, ev. meditativ geleitet)

III. Sich selbst in Empfang nehmen auf der Basis der Grundmotivation: sich stellen

3.3.1 Bei welchen Aufgaben und Handlungen habe ich das Gefühl, daß sie ganz meine sind und ich sie so ausführe, daß ich dazu stehen kann? – Wie sehr achte ich darauf?
[Stellenwert der Verantwortung (Dürfens) bzw. Selbstwerts im Leben]

3.3.2 Wie ist es für mich: Darf ich vor mir selber so sein, wie ich bin? Kann ich mich respektieren, wie ich bin, wie ich mit meinen Stärken und Schwächen umgehe? Stehe ich zu mir?

3.3.3 Wenn ich ganz tief in mich hineinhorche: Welche Antwort kommt mir auf die Frage: „Ist es recht so, wie ich bin und wie ich lebe?"
[Selbstwert]

IV. Die Pathologie der Grundmotivation beleuchten: Hysterie ansprechen

3.4.1 Kenne ich das Gefühl, daß es mir eng wird? – Wie oft? – Wie gehe ich damit um?

3.4.2 Habe ich mich schon einmal ganz einsam, verlassen oder gar verloren, trostlos gefühlt?

3.4.3 Authentische Stellungen zu sich beziehen; Begegnungen auch mit anderen (auch in der Gruppe).
(Ev. Weiterführung in Einzeltherapie)

Die 4. Grundmotivation: SINNVOLL LEBEN

Die **4 Grundmotivation** bezieht sich auf den **Anruf** der **Situation**, in der der Mensch jeweils steht, und auf das **Verständnis** der **Zusammenhänge**, in denen er sein Dasein und die Welt begreift. Was den Menschen in seiner Bezüglichkeit zur Welt und zu sich selbst anspricht, was er als Gelegenheit, Angebot, Aufforderung, Notwendigkeit von der „Sache“ der Wertbezüge her („Logos“) vernimmt („Nous“), kann er nicht bestimmen. Er findet sich darin eingebettet vor („Situation“).
Der vernommene und verstandene Anruf der Situation gibt dem Menschen eine *Sinnvorgabe* für sein Dasein, verleiht seiner Handlungsfähigkeit eine Richtung („Sinn“), einen über das subjektive Dasein hinausreichenden, die Welt und letztlich das Sein des Menschen miteinschließenden Wert. Das persönliche Dasein erhält dadurch Erfüllung, der Mensch realisiert darin sein tiefstes Selbst- und Weltverständnis.
Mit der Sinndimension einher geht die Lebenscharakteristik des Unabgeschlossenen, stets Ausständigen, Ungeplanten und nie ganz Planbaren, der Abgründigkeit der *Leere* und Unerfülltheit der Existenz, der Handlungsunfähigkeit, letztlich des Scheiterns des Daseins und der Verzweiflung an der erfahrenen Sinnlosigkeit des Lebens und der Absurdität der Welt.
Der Anruf der Situation ist somit einerseits Orientierung für die Lebenserfüllung (Sinnangebot), andererseits Beunruhigung und Forderung (existentielle Bringschuld), deren Nichteinlösung die Abgründigkeit des Daseins bloßlegt. Die 4. Grundmotivation erschließt dem Menschen die Zukünftigkeit seiner Existenz aus dem Gespür, der Ahnung und vielleicht einem Verständnis für ein Teilstück des „Woraufhin“ des eigenen Daseins und der Welt.

Zentrales Thema der 4. Grundmotivation:

SINNVOLLES WOLLEN

Psychologisch geht es um die Dynamik:

SINN (Erfüllung)/verantwortetes HANDELN (Hingabe)

Die vier Ebenen der Bearbeitung in der Gruppe:

I. Der Anstoß der Grundmotivation von außen: Die existentielle Wende

4.1.1 Wo spüre ich, daß ich gefragt (benötigt) bin?
- Hier in der Gruppe?
- Draußen?
- Früher (biographisch)?
- Wo nicht, obwohl ich gerne dort wäre?

4.1.2 Was erlebe ich als sinnvoll (Sinn)? – Für wen ist mein Dasein und Handeln sinnvoll?
- Wie geht es mir dabei? [Erfahrung der Erfülllung]
- Pflege ich diese Erfahrungen?
- Wie gehe ich damit um? Kann ich den Sinn gelten lassen und mich von ihm erfüllen lassen?
- Gibt es Probleme (verzweifelt sein, unglücklich, leer sein)?

4.1.3 Was gibt meinem Leben heute **Sinn**? Was habe ich heute schon als sinnvoll erlebt? [Situativer und religiöser Sinn]
- Was könnten Dinge/Aufgaben sein, auf die ich mich einlassen will?
- Was waren früher solche Erfahrungen?
- Enttäuschungen

4.1.4 Was könnte der „Sinn des Lebens" für mich sein?
- Sammeln der Erfahrungen
- Existenzanalytisches Verständnis: in Freiheit und Verantwortung (als ganzer Mensch) sich mit dem Anruf der Situation abstimmen und handeln (= existentieller Sinn). Sich in einem religiösen Verständnis in den Zusammenhang des Ganzen bringen (= ontologischer Sinn).

II. Das Erleben der Grundmotivation von innen: Das verantwortete Handeln

4.2.1 Was sind die Fragen, die mir das Leben derzeit stellt?
- Heute
- In diesen Tagen
- Dieses Jahr
- In den letzten Jahren

4.2.2 Welche der Lebensfragen „beantworte" ich mit meinem Handeln?
– Welche nicht?

4.2.3 Bring ich mich in Über-ein-stimmung mit dem Anruf von außen? Stimme ich mich mit dem Geforderten und Angebotenen ab? Übe ich Offenheit und Hingabe-bereitschaft?
(Ev. Gruppenarbeit zur Besinnung)

III. Die Welt in Empfang nehmen auf der Basis der Grundmotivation: sich stellen

4.3.1 Welche Aufgaben und Handlungen sehe ich selbst als sinnvoll an?
- Wie sehr achte ich darauf?
[Stellenwert des *Sinns* und persönliche Antwort im Leben]

4.3.2 Wie ist es für mich: will ich das Sinnvolle tun? Wie sehr strebe ich danach?

4.3.3 Was halte ich im Innersten für die Bestimmung meines Lebens – wofür bin ich auf die Welt gekommen? Was sehe ich als „den Sinn meines Lebens“ an?
[Lebenssinn]

IV. Die Pathologie der Grundmotivation beleuchten: existentielle Leere ansprechen

4.4.1 Kenne ich die Leere, die Sinnlosigkeit?
- Wie gehe ich damit um?
- Wie oft tue ich Dinge, die ich als sinnlos empfinde?

4.4.2 Habe ich schon einmal tiefe, hoffnungslose, lähmende Verzweiflung gefühlt?

4.4.3 Was kann/konnte Hoffnung geben?
- Wo ist Hingabe möglich?
- Was ist der äußerste (religiöse) Horizont, in dem ich mein Leben eingebettet glaube?

Literatur

Frankl V. E. (1986) Im Anfang war der Sinn. München: Piper

Frankl V. E. (1991) Der Wille zum Sinn. München: Piper

Heigl-Evers A. (Hg.) (1991) Suchttherapie: psychoanalytisch, verhaltenstherapeutisch. Göttingen: Vandenhoeck & Ruprecht

Heigl-Evers A. (Hg.) (1995) Suchtkranke in ihrer inneren und äußeren Realität: Praxis der Suchttherapie im Methodenvergleich. Göttingen: Vandenhoeck & Ruprecht

Längle A., Probst Ch. (1997) Was sucht der Süchtige? In Längle A., Probst Ch. (Hg.) Süchtig sein. Entstehung, Formen und Behandlung von Abhängigkeiten. Wien: GLE-Verlag

Osterhold G., Molterer H. (Hg.) (1992) Systemische Suchttherapie. Heidelberg: Asanger

Anschrift des Verfassers:

Dr. med. Dr. phil. Alfried Längle
Eduard Sueß-Gasse 10
A-1150 Wien

Sachregister

Notizen

Notizen